基础教育阶段学科教学课程思政的探究

高秀萍　主编

东北大学出版社

·沈　阳·

ⓒ 高秀萍 2021

图书在版编目（CIP）数据

基础教育阶段学科教学课程思政的探究 / 高秀萍主编
. — 沈阳：东北大学出版社，2021.11
ISBN 978-7-5517-2869-0

Ⅰ. ①基… Ⅱ. ①高… Ⅲ. ①思想政治教育—教学研
究—中小学 Ⅳ. ① G631

中国版本图书馆 CIP 数据核字（2021）第 252828 号

内容简介

　　课程思政是为贯彻落实立德树人根本任务，践行习近平总书记"把思想政治工作贯穿教育教学全过程"的教育方略，以构建全员、全程、全方位育人格局，使各类课程与思想政治理论课同向同行，形成协同效应，把"为党育人、为国育才"作为教育的使命的一种综合教育理念。思政建设在义务教育中扮演着越来越重要的角色。本书主要涵盖课程思政的意义、内涵界定、关键因素和大中小学课程思政一体化等内容，将育人理念内化到课程内容、教学方法、管理保证和考核评价中，旨在对课程思政进行探究。本书理论与实践并重，可供关心基础教育事业发展的各界人士阅读。

出 版 者：东北大学出版社
　　　　　地址：沈阳市和平区文化路三号巷 11 号
　　　　　邮编：110819
　　　　　电话：024-83680176（总编室） 83680267（社务部）
　　　　　传真：024-83680180（市场部） 83687332（社务部）
　　　　　网址：http://www.neupress.com
　　　　　E-mail:neuph@ neupress.com

印 刷 者：辽宁一诺广告印务有限公司
发 行 者：东北大学出版社
幅面尺寸：170 mm × 240 mm
印 　 张：9.75
字 　 数：170 千字
出版时间：2021 年 11 月第 1 版
印刷时间：2021 年 11 月第 1 次印刷
责任编辑：廖平平
责任校对：石玉玲
封面设计：潘正一

ISBN 978-7-5517-2869 -0　　　　　　　　　　定 价：56.00 元

目 录
CONTENTS

第一部分 理论……………………………………………………… 1

  第一章 课程思政背景、起源及意义 …………………………… 1

    一、背景 ………………………………………………………… 1

    二、起源 ………………………………………………………… 3

    三、意义 ………………………………………………………… 5

  第二章 课程思政的论证基础 …………………………………… 7

    一、我国教育本质 ……………………………………………… 7

    二、育人内涵 …………………………………………………… 8

    三、理论基础 …………………………………………………… 10

  第三章 课程思政内涵界定 ……………………………………… 14

    一、基本理念 …………………………………………………… 14

    二、课程思政的目标 …………………………………………… 18

  第四章 学科教学中课程思政生成的关键因素 ………………… 25

    一、教师 ………………………………………………………… 27

二、知识 ……………………………………………………… 32

三、文本 ……………………………………………………… 39

四、教学设计 ………………………………………………… 46

五、学生 ……………………………………………………… 50

六、作业 ……………………………………………………… 55

第二部分 基础教育阶段课程思政的现状及对策建议 ………… 76

第五章 课程思政、协同育人面临的现状分析 ……………… 76

一、对课程思政的核心理念尚未形成统一认识 …………… 77

二、各类课程差异明显，难以发挥"共振效应" ………… 78

三、教育主体之间力量分散，难以发挥协同效应 ………… 82

四、课程思政协同育人体制机制有待完善 ………………… 86

第六章 课程思政实践的对策与建议 ………………………… 90

一、增强组织程序意识 ……………………………………… 90

二、体育与思想政治教育 …………………………………… 94

三、思想政治教育与美育 …………………………………… 112

四、劳动教育与思想政治教育 ……………………………… 123

第三部分 大中小学课程思政一体化的探索 ………………… 137

一、大中小学课程思政一体化的内涵 ……………………… 137

二、大中小学课程思政一体化现存问题 …………………… 139

三、大中小学课程思政一体化建设的优化路径 ………… 142

参考文献 ……………………………………………………… 147

第一部分 理论

第一章 课程思政背景、起源及意义

一、背景

教育随着社会生产力的发展和社会分工的细化而细化为智育、体育、德育、美育、劳育等，在各类人才培养体系中发挥育才、育人和育德等作用。潘光旦先生说过"只有可以陶冶品格的教育，才是真正完全的教育"，育德始终起着先导性作用。育德的教育过程就是德育。德育的知识化、学科化和独立化过程，既彰显德育作用，也推动德育向纵深发展。德育的独立化，产生了德育课程（基础教育阶段称之为"思想政治"课，简称为"思政"课）和德育教师（即思政课教师和班主任），进而导致其他课程教师逐渐忽视自己在育德中的职责和使命。非思政课程的学科教学也被当作知识教授、技能训练和质量测评等的职能部门，忽略了教学本身蕴涵的价值观养成、持续发展和塑造品格等育人价值。

为有效解决教书与育人相分离的问题，弥合教育中工具意义与价值意义的断裂，引导非思政课程的学科教学回归育人初心、学科教师回归育人本位，以学科德育为基本方略的教学改革顺势而生。学科德育建设，意味着非思政学科的教师要积极主动参与到德育工作中，将德育作为教学工作的职责和使命，进一步实现教书与育人相统一。

学科德育建设，要充分调动基础教育阶段其他学科教师育德的自觉性，整体改进基础教育阶段中教书与育人割裂的问题。但学科德育在推进过程中也出现了若干现实和学理困境。第一，学科德育的核心词是学科，其在基础教育阶段的关涉对象并不相同。学科是课程的指称，指学校的教学科目，例如，语文、数学、英语、物理、化学、生物、历史、政治、体育、音乐、美术等。第二，学科德育在推进过程中，政策作用范围逐渐窄化。学科德育本应在基础教育的各学段发挥同等的影响力，但在实际推进过程中却局限于基础教育初级阶段，即小学或小学低年级阶段，学段越高，发挥影响力越小。第三，学科德育的目标指向德育这一维度，而德育概念往往被狭隘地理解为道德教育。德育目标指向培育德智体美劳全面发展的人，道德教育只是其中的一项任务。把德育狭义地理解为道德教育，使得学科德育的目标狭隘化。由于学科德育在推进过程中面临如何在各学段贯通的困境，所以必须进一步改进德育教育并使其范围的转化符合当下教育教学改革的需要。课程思政正是在这样的历史和现实背景下提出的，是对学科德育这一概念的进一步优化。课程思政是根据社会的发展需要，批判性地继承与发展学科德育的理论内容而生成的术语；学科德育和课程思政同为宏观层面的术语，学科德育可以视为课程思政的试验阶段，课程思政可以视为学科德育的深化阶段。

社会发展中存在的问题往往会引发制度变革。围绕经济发展、社会分层、人才流动及全球化背景中出现的不利于资源整合和国家凝聚力形成等各类问题，结合时代需求，从制度层面，国家制定了一系列具有针对性的教育教学规范和政策措施。

自 1994 年起开始实施的《中华人民共和国教师法》明确规定，"教师是履行教育教学职责的专业人员，承担教书育人，培养社会主义事业建设者和接班人、提高民族素质的使命。"也就是说，教师必须同时开展"教书"和"育人"，教书是传授学科知识，育人是提升社会主义事业建设者和接班人的综合素质。党的十八大以来，以习近平同志为核心的党中央坚持教育为社会主义现代化建设服务、为人民服务，把立德树人作为教育的根本任务。2014 年，习近平总书记在北京师范大学召开的教师节座谈会上指出"四有"好老师的标准：有理想信念、有道德情操、有扎实学识、有仁爱之心，强调必须把师德师风融入日常工作中，要求所有教师都要对学生的思想政治教育施加影响。2016年 12 月，习近平总书记提出"要把思想政治工作贯穿教育教学全过程"，并强调"要用好课堂教学这个主渠道，使各类课程与思想政治理论课同向同行。"

这一重要论述，为新时代学校思想政治工作指明了方向，突出了课堂教学对思想政治教育功能发挥的重要作用，进一步促使教学工作的本质回归立德树人这一根本任务。

2019年8月中共中央办公厅、国务院办公厅印发的《关于深化新时代学校思想政治理论课改革创新的若干意见》再次强调，要解决好各类课程与思政课相互配合的问题，发挥所有课程育人功能，构建全面覆盖、类型丰富、层次递进、相互支撑的课程体系，使各类课程与思政课同向同行，形成协同效应。该项政策的出台同时对学校推进课程思政教学改革提出了具体措施，如建成一批课程思政示范校，推出一批课程思政示范课程，选出一批课程思政教学名师和团队，建设一批课程思政教学研究示范中心。教育部更是在2019年提出要把课程思政建设作为落实立德树人根本任务的关键环节，坚持知识传授与价值引领相统一、显性教育与隐性教育相统一，把思想政治理论课定性为显性教育，把课程思政定性为隐性教育，充分发掘各类课程和教学方式中蕴含的思想政治教育资源。至此，课程思政教学改革在国家层面已经逐步建立了相应的体制机制。

国家政策得到了各级各类学校的积极响应，也引起了教育界对课程思政教学改革的关注和聚焦，教育工作者纷纷提出了各自对课程思政的内涵、目标任务和实施路径的理解。

二、起源

人类自从有了思想，就有了教育，有了阶级社会，就有了思想政治教育。在任何阶级社会都有相关思想政治教育的理论，只不过名称迥异，理论描述、时代内容有差别而已。

在古代，中国开展思想政治教育的主要形式表现为外在教化和内在修养两大方面，吸取我国古代思想政治教育理念的精华是开展学校课程思政协同创新的应有之义。在外在教化方面，中国古人在教育过程中非常注重对受教育者的言传身教、因材施教和启发诱导。古代的思想政治教育者非常强调言传身教，"其身正，不令而行；其身不正，虽令不从"，认为教育者自身的思想政治素养体现在其一言一行中，会对受教育者产生强烈的影响，要求教师以身垂范，给受教育者做出榜样；中国古代教育家认识到，每个人的智力、认知力、品性是有差异和独特性的，所以在开展思想政治教育的时候不能千篇一律、死板教条，不能一刀切，而应该根据受教育者的身心发展规律和自身不同特点因材施教；孔子说"不愤不启，不悱不发，举一隅不以三隅反，则不复也"，这就是说要善于抓住"愤"和"悱"的时机来进行启发，循循善诱，启发受教育者举一反三，容易收到好的效果，这是启发诱导的教学理念。在内在修养方面，中国古代教育家非常强调要传授给受教育者自我教育的意识和方法，他们认为一个人的品性形成不是靠"外练"，而主要是依靠"内化"，教育的主要目标是使受教育者实现自我教育、自我提升。孟子认为"仁义礼智根于心"，思想政治教育就是要"存其心，养其性"。而且这个品性在独处时也应该保持不变，不会因为没有人监督就出现差别，要以高度自觉和自律来规范自己。中国古代思想政治教育的理念强调润物无声、循循善诱，这些理念在今天仍有其现实价值，都是课程思政可以采用的重要方法。

马克思主义关于人的教育的理论是马克思主义理论中的重要内容，1866年马克思在《给临时中央委员会代表的关于若干问题的指示》一信中指出："但是工人阶级中比较先进的那部分人则完全懂得，他们阶级的未来，因而也是人类的未来，完全取决于新一代工人的成长。"列宁要求对学生进行综合技术教育，扩大普通科目的范围，如共产主义通史、革命史、地理、文学等，号召学生把建设社会主义作为目标，希望学生能将所学投入到祖国建设中，旧东西已经像应该被破坏的那样破坏，已经像应该变成废墟那样变成废墟了。地基已经清理好了，年轻一代的共产主义者应当在这块地基上建设共产主义社会。

中国共产党自诞生以来，就将思想政治工作作为其他一切工作的基础，思想政治工作是党的"生命线"。中国共产党在中国社会主义革命、建设、改革过程中，形成了一套行之有效、值得继承和发扬的科学的思想政治教育工作理念和方法。这套理念和方法在思想政治理论课中被广泛使用和发展，同样也适用于课程思政教育。理论与实际相结合的思想政治教育理念是其中最为突出的思政方法，即重视理论的宣传和指导作用，从实际出发、实事求是，指导实践。另外，党的思想政治工作讲求解决思想问题和实际问题相结合，这才能使思想政治教育真正深入人心。课程思政如果仅仅是为了教育而教育，不去解决受教育者的实际问题，不考虑受教育者的真正需要，就会出现思想政治教育变得空洞无效，如无根之谷、无土之苗的倾向。

要想在当前开放多元的社会中、多元意识形态的较量中站稳脚跟、取得优势，就必须借鉴和学习国外思想政治教育的理念和方法，取其精华，去其糟粕。当前国外有价值澄清和道德认知发展两种典型的思想政治教育模式。价值澄清模式理论主张价值观的形成不是灌输，而是通过澄清的方式，在评价的过程中实现，通过选择、赞扬、实践的方式来推动价值选择。这一理论将思想政治教育看作个人独立做出价值选择的过程，教育者不代替受教育者做选择，而是帮助受教育者看清楚他们最重要的是什么。道德认知发展模式理论认为，人的道德发展的核心是道德思维的发展，它是一个具有阶段特点和顺序的连续过程。德育的目的是促进发展，即促使受教育者从事积极的道德思维活动，反对"谆谆教诲"式的传统方法。这一理论鼓励学生充分考虑他人观点；让学生通过辩论和在多种选择中开展逻辑思维活动，并勇于做出道德决定；促进学生的道德思维冲突，并提供一种解决这种冲突的新的道德结构，促使向高一级水平发展；为学生安排一个公正的活动环境。

三、意义

课程思政建设包含个体和社会的双重内容：一是从个体成长成才出发，教书与育人不仅包含教育教学的行动，还包含"培养德智体美劳全面发展的社会主义建设者和接班人"的目标；二是从社会历史发展的必然趋势出发，教书与育人必须以认同社会主义意识形态作为根本前提，培养一代又一代拥护中国共产党领导和我国社会主义制度、立志为中国特色社会主义奋斗终身的有用人才。课程思政建设不是要求学校再开设一门或几门类似于思想政治理论课的课程，也不是要求各门课程以建成思想政治理论课为教学改革方向，而是要求各门课程的学科教师在尊重现行教育规律和原有教学活动的基础上，进一步增强育人的责任感和使命感，积极主动地挖掘各门课程中原有的、内在的和丰富的思想政治教育资源，在教学过程中实现知识传授、能力培养和价值塑造的有机统一。可见，课程思政建设绝不是简单地使用马克思主义经典作家的词句，也不是僵化地套用思想政治教育学的理论，更不是思想政治理论课内容的移植，而是以思想熏陶、素养提高、价值养成、心性发展和品格塑造为目标导向，从既有的课程知识体系中挖掘其蕴含的思想政治教育资源。

课程思政可以被视为一项教学改革，但这一教学改革继承和发展了学科德育的实践和理论成果。

课程思政实质是一种课程观，不是增开一门课，也不是增设一项活动，而是将思想政治教育融入课程教学改革的各环节、各方面，实现立德树人润物无声。对其内涵研究主要有以下观点。

课程思政是建立有机统一的课程体系，其核心就是挖掘不同学科的思想政治教育资源，建立以思政课为核心的课程思政体系。课程思政教学改革重在"课程"，其内涵就是要将"思政"融入课程体系中去，与思想政治理论体系共同完成协同育人任务。

课程思政是马克思主义科学课程育人观，是一种隐性教育，思想政治理论课是显性教育。教师在各类教学实践过程中潜移默化地渗透进思想政治教育，体现了"隐性思想政治教育"实践层面的新形态，是相对于"思政课程"提出的新概念，通过课程承载思政、思政寓于课程的知识传授与价值引领的良性互动，促使学生在教学过程与活动中潜移默化地接受思想政治教育。课程思政隐性教育能够实现知识传授和价值引领的有机统一，推动思政课程向课程思政的立体化育人转型。课程思政作为隐性教育是当下学校思想政治工作的主要措施和手段，即将思想政治教育贯穿在全部课程教学过程中，将课程思政的隐性教育和思政课程的显性教育相结合。课程思政隐性教育就是对学生进行德育教育，构建学校思想政治教育的全方位的大框架，构成全方位的德育教育大熔炉。因此，课程思政强调隐性，就应避免知识内容与思政元素的简单拼接，要遵循教学规律，体现融入而不是附加。

课程思政是用一种更为柔性的教育方法来进行思想政治工作，即把课程思政归结于学校思想政治工作的一种方法，是发挥思想政治教育功能的课堂教学行为。课程思政拓展了教育资源，是全员育人、全过程育人、全方位育人的重要体现。值得注意的是，学校思想政治工作对象不仅以学生为主体，教师也是学校思想政治工作的重要对象。课程思政是教师思想政治工作的良好切入点和长效机制，也是教师育人中进一步自我提高的助推器。课程思政能否有效推进根本上要以学科教师的素质和能力为依托，学科教师的能力水平构成了课程思政建设的核心变量。因此，课程思政同时也是提升学校教师思想政治水平的有力措施。

课程思政不是对教学喧宾夺主，更不是特立独行，它首先是为提升教学质量服务的，是深层次的教学改革，因为只有高水平的教学活动才能吸引学生，进而影响学生，引导学生将实现个人价值与国家发展、民族复兴、人类福祉紧密相连。

基础教育必须把培养社会主义建设者和接班人作为根本任务。实现这一根本任务对课程提出了明确的要求，也赋予了课程崭新的内涵。推进课程思政建设，就是要寓价值观于知识传授和能力培养之中，帮助学生塑造正确的世界观、人生观、价值观，顺应历史潮流，适应新时代要求。

课程是人才培养的核心要素。思政课程和课程思政是课程育人的一体两翼，其定位、目标和过程分别针对教育的三个根本问题，即为谁培养人、培养什么人和怎样培养人。

第二章　课程思政的论证基础

课程思政是指以构建全员、全程、全方位育人格局的形式，使各类课程与思想政治理论同向同行，形成协同效应，把立德树人作为教育根本任务的一种综合教育理念。作为育人的载体，课程是在思政教育中发挥育人功能的必要条件。我们提倡学校思政教育要立足课程，充分挖掘课程思政的教育内涵，尽可能让课程思政的内容活动化、深度化、常态化，这是提高课程思政效果的有效策略。

课程思政是学校围绕"为党育人、为国育才"的目标，把握新要求、新形势、体现新时代人才培养方针的新行为。我们应该运用马克思主义中国化的最新成果作为理论指导来开展课程思政的相关研究。习近平总书记关于教育的重要论述，丰富和发展了马克思主义教育理论，是党的创新理论的重要组成部分。

一、我国教育本质

党的十八大以来，习近平总书记在多个场合强调关于教育（尤其是教育发展中人才培养）的方向、目标问题。他指出，培养什么人，是教育的首要问题。我国是中国共产党领导的社会主义国家，这就决定了我们的教育必须把培养社会主义建设者和接班人作为根本任务，培养一代又一代拥护中国共产党领导和我国社会主义制度、立志为中国特色社会主义奋斗终身的有用人才。习近平总书记强调，我们的教育绝不能培养社会主义破坏者和掘墓人，绝不能培养出一些"长着中国脸，不是中国心，没有中国情，缺少中国味"的人！立德树人，关系党的事业后继有人，关系国家前途命运，不管什么时候，我们为党育人的初心不能忘，为国育才的立场不能改。

一个民族、一个国家的教育的根本目标一定是服务于民族和国家的生存和发展的。特别是在全球化的今天，人才竞争已经成为综合国力竞争的核心，我们不仅要吸引国际人才来我国发展，更要培养以复兴中华民族为己任的人才队伍。

只有在中国共产党的领导下，坚持中国特色社会主义道路才能实现中华民族的伟大复兴。因此，培养社会主义建设者和接班人是我国教育的直接目标。青年一代健康成长，直接关系中国特色社会主义事业后继有人、兴旺发达。坚持发展中国特色社会主义，把我国建设成为社会主义现代化强国，是一项长期而艰巨的任务，需要一代又一代人接续奋斗。基础教育该如何培养社会主义建设者和接班人？合格的社会主义建设者和接班人应该具有什么样的品质？习近平总书记强调要在六个方面下功夫：坚定理想信念、厚植爱国主义情怀、加强品德修养、增长知识见识、培养奋斗精神、增强综合素质。这些都需要通过课程思政来强化培养、巩固厚植。

2002 年，党的十六大报告提出了教育的目标是培养德智体美全面发展的社会主义建设者和接班人。2007 年，党的十七大首次提出了"育人为本、德育为先"的人才培养要求。党的十八大则强调把立德树人作为教育的根本任务，培养德智体美全面发展的社会主义建设者和接班人。

国无德不兴，人无德不立。习近平总书记深刻指出，人才培养一定是育人和育才相统一的过程，而育人是本；要把立德树人的成效作为检验学校一切工作的根本标准，真正做到以文化人、以德育人。党的十九大报告提出，落实立德树人根本任务，将立德树人的定位置于培养德智体美劳全面发展之上。这是以习近平同志为核心的党中央继承、丰富和发展党的教育方针的集中体现，是党的教育理论创新的成果。

二、育人内涵

（一）加强理想信念与爱国主义教育

当前，世界多极化、经济全球化、文化多样化、社会信息化深入发展，人类社会充满希望。同时国际形势的不稳定、不确定性更加突出，人类面临的全球性挑战更加严峻。一方面，科学技术高速发展，日新月异，社会物质生活资料越来越丰富；另一方面，社会变革风云莫测，特别是文化多元，各种思想交融和冲突，一些腐朽的享乐文化也随之而来。学生正面临着这种复杂环境的挑战，如果不能树立正确的世界观、人生观、价值观，很难肩负起中华民族伟大复兴的责任。习近平总书记指出学生要坚定理想信念，把理想信念建立在对科学理论的理性认同上，建立在对历史规律的正确认识上，建立在对基本国情的准确把握上。2019年11月，中共中央、国务院印发的《新时代爱国主义教育实施纲要》提出，坚持把实现中华民族伟大复兴的中国梦作为鲜明主题，坚持爱党爱国爱社会主义相统一。

（二）加强社会主义核心价值观教育

党的十九大报告指出，社会主义核心价值观是当代中国精神的集中体现，凝结着全体人民共同的价值追求。社会主义核心价值观要以培养担当民族复兴大任的时代新人为着眼点，强化教育引导。早在2014年，习近平总书记就强调，要切实把社会主义核心价值观贯穿于社会生活方方面面。要从娃娃抓起，从学校抓起，做到进教材、进课堂、进头脑。习近平总书记指出，要坚持不懈培育和弘扬社会主义核心价值观，引导广大师生做社会主义核心价值观的坚定信仰者、积极传播者、模范践行者。也就是说，对于广大学生来说，不仅要做到社会主义核心价值观的身体力行，关键还要模范带头，积极传播。

（三）构建学校思想政治工作体系

抓牢意识形态主阵地。习近平总书记强调，经济建设是党的中心工作，意识形态工作是党的一项极端重要的工作。习近平总书记对意识形态工作高度重视，他曾深刻地指出，不能把探索性的学术问题等同于严肃的政治问题，也不能把严肃的政治问题等同于探索性的学术问题。不能一说学术问题可以研究，就不顾场合口无遮拦乱说一气，也不能为了沽名钓誉而标新立异。学校要抓好意识形态工作，必须落实意识形态责任制，加强意识形态阵地管理，以加强马克思主义意识形态理论教育为切入点，深化为党育人、为国育才理念，把学校意识形态工作与立德树人根本任务有机结合起来。

加强思想政治理论课建设，实施协同育人。"思政课是落实立德树人根本任务的关键课程""思政课作用不可替代",习近平总书记在学校思想政治理论课教师座谈会上的这两句话阐明了所有课程要与思想政治理论课保持同向同行,守好一段渠,种好责任田,协同育人,共同实现立德树人。同时,对于思想政治课教师,习近平总书记强调,思政课教师要给学生心灵埋下真善美的种子,引导学生扣好人生第一粒扣子。在学校思想政治理论课教师座谈会上,习近平总书记用亲身经历告诉我们,思政课教师承担着在新时代促进人民群众尤其是广大学生理解党的历史使命、认同党的奋斗目标、践行党的行动纲领的重大任务。

深入推进全程育人、全方位育人。习近平总书记在 2016 年全国高校思想政治工作会议上指出,要坚持把立德树人作为中心环节,把思想政治工作贯穿教育教学全过程,实现全程育人、全方位育人,努力开创我国高等教育事业发展新局面。通过全程育人、全方位育人,把思想价值引领贯穿教育教学全过程和各个环节,这是学校思想政治工作体系的核心环节。习近平总书记提出,人才培养体系涉及学科体系、教学体系、教材体系、管理体系等,而贯通其中的是思想政治工作体系。加强党的领导和党的建设,加强思想政治工作体系建设,是形成高水平人才培养体系的重要内容。

总之,习近平新时代思想政治工作理论不仅对我国教育事业的根本问题、根本目标、根本任务、新时代的具体任务做出了深刻阐述,而且从人和环境的关系角度,提出了要把思想政治工作贯穿于教育教学全过程,实现立德树人的思想。

三、理论基础

(一)马克思主义相关理论

实践论、认识论和价值论是马克思主义的重要理论。课程思政以马克思主义理论为遵循,以实践论为出发点、认识论为着力点、价值论为落脚点,最终旨在实现人的自由全面发展,这是马克思主义对人的发展的重要观念,是基础教育人才培养的目标指向。

1.马克思主义的实践论是课程思政的出发点

马克思主义认为,实践是人类生存和发展的最基本的活动,全部社会生活在本质上是实践的。人类自产生之后,就开始了实践活动,通过实践来认识世界和改造世界。自然界和人类社会在人类的实践中发生着变化，同时实践也改变着人本身。教育是社会生活中的一部分。生活是由人作为主体构建起来的。实践在教育中处于核心地位，学校教育的各种形态、各类机构及一切教书管理和服务活动，都应当自始至终将实践作为本位贯彻其中。

一方面，教育教学的内容是已有的实践结果，是人们通过一代代人在实践中形成的，且认为是正确的内容，通过课堂的教学将其传授给学生。另一方面，教学中、课本中的知识是一种间接的知识，需要学生在实践中不断检验。教育活动是一种实践活动，教学的目的也要通过实践活动来实现。基础教育阶段学校的各学科、课程、教材、教法等都应坚持实践决定论，不能停留在某个点一成不变，要尊重真理，追求正确的价值。

实践具有主观能动性，实践是人类特有的活动，实践在其本质上体现的是人的主体性，即主观能动性。从教师主体的角度看，教师要牢牢掌握教书育人的主动权，通过一定的教学方式和方法，将课本知识通过课程传授给学生。从学生主体来看，教学过程就是学生通过特殊的实践来形成认知体系的过程，学生实践的落脚点在学，通过发挥主观能动性，将教师所授内容转化为自己的知识经验。这是一个从输出到输入的过程，当学生本身的知识经验与教师的知识传授有冲突时，需要调动学生自己的主动性，发挥实践的主观能动性。

2. 马克思主义的认识论是基础教育课程思政的着力点

认识的本质是主体在实践的基础上对客体的主观能动反映。实践决定认识，认识的目的是实践。毛泽东在《人的正确思想是从哪里来的？》一文中指出，"一个正确的认识，往往需要经过由物质到精神，由精神到物质，即由实践到认识，由认识到实践这样多次的反复，才能够完成"。认识运动是一个辩证发展的过程，由实践到认识是认识的第一次飞跃，从认识再到实践是第二次飞跃，认识只有回到实践中，为人们检验、发展和掌握，才能推动下一步的认识过程，这也是认识运动必然遵循的规律。

基础教育课程思政遵循认识发展的客观规律。学生将所学运用到生活，深化了知识，深化的知识指导着学生深入地认识世界，认识发展规律，这是一个不断循环往复的过程。课程思政是在课堂上、学校中向学生开展知识能力和价值的传授培养与引领，是将认识输出给学生的过程，使学生接受外来东西的过程，然后学生再用这些知识指导自己的知、情、意、信、行，周而复始，完成认识的深化、价值的内化和行为的外化。

3. 马克思主义的价值观是基础教育课程思政的落脚点

价值是客体对主体需要的意义，价值是人的客观需要。从一定意义上说，人类社会是一部不断追求创造和享有价值的历史，也是一部人们根据自己的价值改造世界的历史。马克思主义价值论认为实现全人类的解放及每个人的自由全面发展是最高的价值目标，重视每个人的发展，重视发展的全面性、自主性，重视实践，重视整体素质的提高，这都对教育起到一定的警示作用。

基于对马克思主义关于人的自由全面发展理论的吸收，以及与国情、教育现状相结合，在我国教育方针中"全面发展"这个词始终占有一定地位。在哲学上以马克思主义唯物论、辩证论、历史唯物主义等基本观点为基础，中国共产党成立 100 年来生动实践中形成的重要指导思想，包括毛泽东提出的"应该使受教育者在德育、智育、体育几方面都得到发展，成为有社会主义觉悟的、有文化的劳动者"的教育方针；邓小平提出的"四有新人"的思想；江泽民提出的"培养理想远大、热爱祖国的人，追求真理、善于创新的人，德才兼备、全面发展的人，视野开阔、胸怀远大的人，知行统一、脚踏实地的人"的理念；胡锦涛提出的"把文化知识学习和思想品德修养紧密结合起来，把创新思维和社会实践紧密结合起来，把全面发展和个性发展紧密结合起来"；党的十八大以来习近平总书记关于以人民为中心、人民立场、人类命运共同体的论述；等等，都是对人的自由全面发展的生动诠释和深刻阐述。2018 年 9 月 10 日，在全国教育大会的讲话中，习近平总书记强调"培养德智体美劳全面发展的社会主义建设者和接班人"，从学生的理想信念、价值取向、知识学习、意志品质、思维能力、创新精神、社会实践、使命担当八个方面进行了深刻论述、系统阐释，将人的全面发展作为一个重要的价值导向，为基础教育思政课程发展指明了方向。

（二）协同相关理论

协同相关理论是当今各学科、各系统加以运用的科学理论依据和方法指导，在西方协同论、中国古代协同思想及马克思主义关于普遍联系理论和合力论的指导下开展基础教育课程思政的研究具有现实价值和意义。

1. 西方协同理论的主要观点

当代所说的协同理论是由德国物理学家哈肯创建的，他认为"自然界是许多系统组织起来的统一体，这许多系统就称小系统，这个统一体就是大系统"。一个系统就是一种环境，在大系统中，各个小系统之间相互作用、相互制约，从无序实现有序，维持着大系统的平衡。有序和无序不是绝对的，在一定条件下可以转化。系统的整体功能不是小系统的简单相加，而是小系统之间相互作用，目标是使子系统发挥功效使大系统呈现最佳功能，也就是经常被表述为"1+1>2"。

教育是一个由多要素组成的复杂系统，课程思政是通过教学中的各个子系统的相互配合，实现课程发挥思想政治教育的目的，教师、学生、课程、教材、制度、评价等都是子系统。以协同理论来研究课程思政，就是要协调课程中知识、能力、价值三维目标的关系，协调教学目标、内容、方法的关系，协调师生的关系，协调家校之间的关系，形成各子系统同步、协调并优化的效果，避免各子系统脱节、割裂等问题，实现各类课程思政功能的最大化。

2. 中国协同思想的意蕴

中国传统文化中有非常多关于协同、各元素相互配合和制约的表达。诸如阴阳学说认为万事万物都有阴阳两面，两者既对立又统一，但阴阳两面又不是绝对的，可以相互转化。一个事物要协调发展必须保证阴阳协调，不能阴盛阳衰或者阳盛阴衰。老子在《道德经》中将宇宙生成也表述为"道生一,一生二,二生三,三生万物。万物负阴而抱阳，冲气以为和"，讲的就是宇宙生成与万物之间蕴含的关系。

中国古代关于协同的思想蕴含着中国哲学的智慧，阐述着自古以来有序、完善的和谐思想，追求着万事万物的平衡。在教育系统中，家、校、社会三者联动，教书、管理、服务和育人的统一，全员、全程、全方位育人体系的构建等无一不是对协同的最好表述。在高校课程思政协同创新中，教师是主导，通过教学手段、方法将教学内容通过课程传授给学生并开展相关的思想政治教育。学生是主体，要对教师传授的知识、能力和价值内容发挥主观能动性，将其吸收，并能内化于心、外化于行。但是从协同的角度来看，高校课程思政协同创新中还存在着一些不协调的现象。部分科任教师认为思想政治教育是思想政治理论课教师和班主任的事，与自己无关，课程是进行知识传授的载体，应该保持价值中立。各类课程思政的内容各自为营、协同不够，途径难以渗透，难以达成有机融合的整体；各类课堂阵营分裂、壁垒分明，无法实现有效协同。

第三章　课程思政内涵界定

一、基本理念

课程思政是一个政策概念，课程思政是围绕人才培养新形势提出的关于课程教学的新要求、新方向，并具体化为系列新政策。挖掘课程思政的本质内涵要做到"知其然，必知其所以然"，因此开展课程思政内涵界定就要从事物的产生源头也就是课程思政的政策来源来进行政策文本分析和政策背景分析，从而把握住内涵的准确性、方向性及时代性。

从文本的文字表层深入到文本的实质理解深层，从而发现那些不能为普通阅读所把握的深层意义。课程思政从字面上来看只体现"课程"即所有课程，"思政"即思想政治。对课程载体的认识相对易于形成一致理解，但在理论和实践中，对于"思政"的属性、价值和内涵的理解则各有不同。所以非常有必要将课程思政生成的直接政策文本作为理论来源，通过回归本源来分析国家政策制定的依据和意图，从而确定这一政策概念的内涵实质。

（一）知识性与价值性相统一的理念

"课程思政"是解决"培养什么人"的根本举措。各门课程都有自己的学科背景和知识体系，有独特的教学内容与教学目标，思想政治理论课与其他各门课程虽然在具体内容上存在一些差别，但是无论这方面的差异有多大，都并不影响两者成才与成人相统一的教育功能。也就是说，任何课程的教学都必须坚持知识性和价值性的统一。

1.知识性与价值性在教育活动中不可分割

知识在塑造价值观中发挥着基础性的支撑作用，是学生坚定政治信仰、培育和塑造道德品质的基石。"课程思政"理念是根据我国教育实践提出的课程教育改革理念，是课程育人价值的中国化诠释。

在同样的课堂、面对相同的教育对象，传授的知识含量不同，最终取得的效果会大相径庭。在专业知识的传授过程中关注学生的情感反应，用情感把价值性和知识性连通起来，让学生在行为体验与情感体验中产生共鸣，学生能够自觉接受价值观的培育和塑造并深入头脑和自身行动中。

教师在课堂讲授时要成为塑造学生人格、品行的"大先生"。教师传授的知识,多年后学生可能会遗忘,但从教师那里学会的为人处世的道理是学生一生的财富。此外,古今中外的先贤大哲也都有所论述。儒家经典论述到,"大学之道,在明明德,在亲民,在止于至善"(《礼记·大学》);爱因斯坦在《论教育》中讲到,"如果人们忘掉了在学校里所学到的每一样东西,那么留下来的就是教育。"可以看出,在知识传授中实现价值观的引导远比空洞的价值说教更有说服力和实效性,只有充分发挥专业知识、通识知识的内涵支撑作用,价值观培育和塑造引导才会恒久稳固。

2. 寓价值观引导于知识传授之中

立德树人需要将价值观的塑造放到比专业技能培养更为重要的位置。"课程思政"是通过满足学生对专业知识的渴求来塑造道德信仰,从而达到价值观引导的目的。学生成长成才的第一步是要具备良好的品德,认识到自己要在家庭、社会中承担起责任,并积极思考未来自己在民族振兴和国家建设中所扮演的角色。

然而,价值观的获得需要有意识地融入不同的知识学习场合,需要将价值引领巧妙地融合在高校的各类课堂教学之中,让学生去捕捉、去塑造,然后同其他知识和专业技能一道去建构起自身的知识体系。"师者,所以传道授业解惑也"(《师说》),韩愈把"传道"放在了首位,在他看来"道"先于"术",师者要以道驭术;对于学生而言,除了知识的学习外,人格养成更为重要,教师要先逐渐培养学生的独立人格,使其具备高尚的人格。

学生除了增加知识储备以外,还需培养自身人格、培养道德品性和塑造良好精神。复旦大学徐珂副教授提出,课程思政要以立德树人为根本任务,与自己学校的特点相结合,要从政治认同和国家意识、品德修养和人格养成、学术志向和专业伦理三个层面进行价值引领。

由于"培养自身人格、培养道德品性和塑造良好精神"这一方面相对于"增加知识储备"具有隐性特征,常被忽视,"课程思政"正好可以通过其隐性的思想政治教育特点来解决这个问题。自觉将教学与育人相结合,将价值观引导作为各类课程的根本取向,并寓于知识传授之中。"课程思政"不仅能增强学生价值判断、价值选择和价值塑造能力,更能推动高校育人模式的创新,进而实现各类课程与思想政治理论课的共同发展。

（二）立德与树人相统一的理念

立德树人是新时代中国特色社会主义教育的灵魂，是我国教育改革发展的根本原则。国无德不兴，人无德不立。笔者认为，作为教育的根本任务，"立德树人"有两层意思：第一，"立德"是指树立道德，是道德教育的发展与创新，是"树人"的途径和要求；第二，"树人"是指对人的培养，是人的全面发展，是"立德"的方向和目标。二者是辩证统一的关系，统一于"立德树人"的过程之中。由此可见，"立德"与"树人"之间有着深刻的本质联系。一方面，要坚持以道德教育为主导；另一方面，"树人"的根本目的是传承和创新道德教育。中国的古代贤哲从"一树百获者，人也"（《管子·权修》）的认识出发，将"树人"当作关系长远的"终身大计"；唐人孔颖达"立德，谓创制垂法，博施济众"（《春秋左传正义》）指出，人们崇高的德行将会永垂不朽，对社会的发展产生了深远影响；为探求"德"对于人的意义，司马光提出"才者，德之资也；德者，才之帅也"（《资治通鉴·周纪》），强调学校教育要"以德为先"。学者们博大精深的思想无疑具有深远的意义，是当代理解教育及其社会功能的正确认识和思想来源。"十年之计，莫如树木；终身之计，莫如树人"（《管子·权修》），人是组成国家和民族的最基本的单位，人的素质决定了国家和民族的发展和未来，教育及其发展，归根结底在于培养有高尚品德的人。"教者，政之本也；道者，教之本也"（《新书·大政下》），"树人"须"德教为先"，施教的目的在于把人培养为有高尚道德修养的人。正如陶行知先生所言，"学高为师，身正为范"，教师应在平时的沟通工作当中，重视对学生的全面素质和良好个性的培养，在"课程思政"的教育教学过程中，利用学科特点对学生进行思想教育。

（三）显性教育与隐形教育相统一的理念

思想政治理论课和"课程思政"在立德树人和人才培养上具有共同的目标指向。但两者也存在区别：思想政治理论课是落实立德树人根本任务的关键课程，是一类具体的课程，属显性教育；"课程思政"是包括除了思想政治理论课之外，全部的专业课程、通识课程都要发挥育人功能的新理念，属隐性教育。将思想政治理论课的显性教育和"课程思政"的隐性教育相统一的理念，贯穿渗透教学的全过程，有助于拓宽育人工作方式，提升思想政治教育的实效性。"课程思政"对思想政治理论课的"主渠道"作用提出了新的更高要求。

显性教育是高校思想政治教育的主渠道，但不意味着可以轻视隐性教育的重要作用。要充分利用好课堂教育教学主渠道，包括思想政治理论课课堂和各种专业课、通识课课堂。思想政治理论课为学生系统地学习马克思列宁主义、毛泽东思想和中国特色社会主义理论体系提供帮助，使学生掌握科学的理论体系和基本观点，指导学生运用科学的世界观和方法论去认识世界和分析问题。隐性教育是间接地、自然而然地使受教育者接受教育，达到教育目的。仅依靠思想政治理论课的教育教学，并不能实现"课程思政"的教学改革，需要"课程思政"的共同参与，将思想政治教育内容有效地、渗透式地融入到各类课程讲授过程中，使学生在渴求知识的环境中接受价值熏陶，启发学生产生文化认同、产生多方共鸣与情感升华，实现潜移默化的效果。

坚持显性教育和隐性教育相统一是"课程思政"教育改革、创新发展的重要原则。"课程思政"的开展需要完善课程体系，解决好各类课程间的相互配合，结合课程的具体实际进行分析和探索。实现统一要加强隐性教育，同时也要在教育教学实践中明确坚持显性教育，继承并发展显性教育的优良传统。最终从理念上、机制上及实践中推进二者走向互补统一。

（四）全员育人与精准培养相统一的理念

树立全员育人与精准培养相统一的理念，全员为先。高校思想政治教育面向的是全体学生，立德树人应落实到每位学生。高校学生能否树立崇高的理想信念，不仅需要高校的思政教师、管理人员、辅导员担任起育人的责任，而且从事专业课程、通识课程的教师也要肩负起育人的职责。高校每门课程都有育人的功能和潜质，"师者，所以传道授业解惑也"，每一位任课教师都应该主动承担起立德树人的职责。高校通过加强教师的师德教育，增强"四个自信"，使教师成为有理想信念、有道德情操、有扎实学识、有仁爱之心的"四有"教师。高校还应该转变教师的观念，使教师不仅注重专业知识的传授，更应重视社会主义核心价值观的引领，通过深挖专业的背景知识，将传统文化或现实生活融入专业知识的讲授当中，挖掘课程思政元素，通过各种教学方式渗透到学生的观念当中，要求高校教师全员参与"课程思政"的实施。

在落实全员参与的同时，"课程思政"还应加强分类实施，重视对教师榜样的培育和指导，对优秀人才的培育和选拔，落实工作富有针对性、精细化。由于专业知识门类的特殊性，在探索分类培养的过程中，根据不同学科、不同专业的特色，结合专业课程内容特点，有差异地进行"课程思政"建设。精准培养要做到反映特定知识门类的特定需求，探索特定知识门类的社会分工职业责任和伦理要求；要立足特殊性，分类推进教学改革的实施。除此之外，特殊专业课程的实践环节也是提高思想政治教育的有效载体，对培养学生团结协作精神、创新思维，树立家国情怀，坚定理想信念具有重要意义。

二、课程思政的目标

党的十八大报告中把立德树人作为教育的根本任务，要求各级各类学校培养德智体美全面发展的社会主义建设者和接班人。在"立德树人"理念指导下，构建全课程、全过程、全员协同的学校课程思政新体系，实现育人的全覆盖、无死角。

（一）构建全课程协同育人体系

任何知识并不独立存在，都是经过人类总结经验和发现规律而得来的，知识的背后往往就是技能，当知识和技能与人的主观意识相结合的时候，一定会带有价值追求的特征。因此，知识、技能和价值是不可分割的，甚至可以说知识会陈旧、能力会落后，而价值却永远引领着人类的进步。在学校教育中，课程是开展高校课程思政协同创新的基础，是承载思想政治教育元素的载体。课程目标是课程实施的前提和基础，是课程开展所要达到或呈现的效果。明确了课程目标是课程设计的首要环节，对课程目标进行准确分类就具有重大意义。我国中小学新课程改革后，任何一门科目都以课程标准为遵循，在教学过程中设立必须达到的知识与技能、过程与方法、情感态度与价值观三维目标。对于课程思政协同体系构建，应明确树立课程同样需要教育目标的理念，设立知识传授、能力培养和价值引领三维目标，并通过教学设计、教学方法等实现三维目标的统一。

知识传授目标是指学生在课程中所要学习和获得的学科相关的知识，包括概念、范畴、原理、规律等。任何一门课程呈现的基础就是知识，没有知识的课程不能称其为课程。知识传授是指通过学习使学生对知识有一定的记忆、理解和应用，对知识的记忆即人脑对学习过的事物的识记、保持、再现或再认，学生在学习中对教师教过的内容进行识别和记忆，并在内容再次出现时进行回忆和再认；对知识的理解是通过知识的内在逻辑联系进行推断、分析、解释等，学生不仅知道是什么，还能知道为什么和怎么样；对知识的应用是指用已有的知识去解决同类或相关问题的过程，也就是学生能够举一反三，在不同情境下将知识合理运用。

能力培养目标是指学生在课程中所掌握的能够解决或完成相关任务的综合素质，包括一般能力和专业能力。一般能力是一个人所拥有的较为普遍和基础的能力，比如组织、沟通、协调、语言等能力，在工作学习和生活中经常使用或调动这些能力。通常能力与知识的掌握和储备有关，但一个人的知识丰富不能代表能力就一定高。

价值引领目标是指学生在课程中所感受到的体验性认识及产生的情感态度，是一种价值判断。人才培养应坚持中国共产党的领导和为人民服务的底色，课程目标设置也必须为巩固中国特色社会主义制度服务，培养出的人才也必然要投身于改革开放和社会主义现代化建设中。教师的责任就是在课程中指导学生树立正确、积极的价值观，即以社会主义核心价值观为引领，以马克思主义立场、观点、方法为依据，引导学生在正确的道路上全面发展。

三维目标是课程目标的三个方面，三位一体不可分割，如同立方体的长宽高缺一不可，是学校课程思政协同创新中全课程育人实施的前提。知识传授是基础性目标，能力培养是发展性目标，价值引领是旨归性目标，三者相互递进、相互推动。人才培养必须以知识传授为基础，良好的知识储备是学生未来发展的通行证；以能力培养为根本，能力技能是学生步入社会进行自觉社会化的基本保障，也是人才在相关行业中的核心竞争力；以价值引领为核心，价值引领决定着学校培养出的人才到底是为谁服务的本质问题。

（二）构建全员协同育人体系

每一位教师都有育人的职责，要守好一段渠、种好责任田，这是习近平总书记对每一位教师提出的明确要求。教师是教学的骨干力量和课程的授课主体，在知识传授、能力培养和价值引领方面发挥着重要作用，其育人意识与能力对课程思政协同育人工作的落实有着极大的能动作用，决定着课程思政目标能否落实，是打通课程思政全课程和全过程的关键所在。"亲其师，信其道；尊其师，奉其教"，教师应首先明道、信道，以身示范引领学生，课程思政要求每一门课程教师结合专业与课程内容及特点，用马克思主义立场、观点和方法教育学生，坚持理论与实践相结合，帮助学生解决思想、心理生活等实际问题，以深厚的学术素养、优秀的思想品德、良好的道德情操影响和引领学生成长成才。要实现课程思政全面落实，根本上要培育教师的育德意识和育德能力。

首先，要加强对教师育德意识和育德能力的考察和培训。在聘用时对教师的育德意识和育德能力进行多维度考察和把握，实行一票否决制。同时组织教师课程思政的岗前培训、日常培训，加强高水平教师队伍的系统规划，特别要强化专业教师教书育人的使命感和责任感，对教师进行课程思政的理论研讨、教学方法与案例探索、教案撰写与实践教学评比等。还应将教师的课程思政的开展作为职称评定、评奖评优的一个重要环节，调动教师的积极性，多角度提升教师育德意识和育德能力。

其次，要帮助教师研发课程思政教案。成立由一线教师和思政专家组成的小组，研发课程思政方案，进行教案、大纲编写和思政资源挖掘，建设课程思政的示范精品课。对具有较强育人资源的课程，开发示范精品课，从课程内容、课堂组织、教学方法、实践教学等环节进行展示，建设教学资源库。积极调动所有教师的育人意识，提高育人能力，实现协同合力育人。正如中国民歌当中的劳动号子就是使劳动参与者共同用力的口令，当口令发出，劳动者一同发力，同时口令使劳动者互相鼓舞，激发劳动干劲。课程思政协同创新的全员育人体系要求各部门教师打破原有壁垒形成合力育人的局面，做到协同互联、协同互通、协同互动。协同互联，引导学生思想，就是采取多元的形式，如面对面、网络等方式多与学生进行思想沟通和交流，了解学生思想动态，解决思想和实际困惑，做好引导工作。教师间也应增强联系，交流所带、所授课班级学生的思想情况，掌握更翔实的资料，以利于双方更好地、更有针对性地开展工作。协同互通，督导学生学业，就是指教师要互相沟通，关心学生的学业、帮助学生改进学习方法，积极指导学生开展社会实践和科研活动，推动学生自我发展和成长。协同互动，指导学生人生，就是指通过一系列活动不断加强教师与学生之间的互动，在互动的过程中身体力行，为学生人生做好指导、帮助他们做好规划，成为学生的知心朋友和人生导师。

（三）学科教学中的课程思政内容

2016 年起，教育部陆续修订了语文等学科的 17 个课程标准，新研制德语、法语和西班牙语 3 个课程标准，共计 20 个课程标准。这些课程标准在文本结构上，主要新增了学科核心素养和学业质量标准两部分内容，同时，也研制了各学科的学业质量标准，明确学业质量是对学生多方面发展状况的综合衡量，改变过去单纯看知识、技能掌握程度的状况，同时帮助教师更好地把握教学要求，因材施教。

在课程内容方面，各学科课程进一步强化社会主义核心价值观教育，中华优秀传统文化、革命文化和社会主义先进文化教育等内容，全面落实中央有关要求；充分反映马克思主义中国化最新成果及经济社会发展、科技进步新成就；更加关注学科内在联系及学科间的相互配合，克服碎片化及彼此间脱节等现象。各学科在课程标准中所定思政目标的语言表述如下。

1. 语文

在语文学习过程中，培养爱国主义感情、社会主义思想道德和健康的审美情趣，发展个性，培养合作精神，逐步形成积极的人生态度和正确的价值观；认识中华文化的丰厚博大，汲取民族文化智慧。关心当代文化生活，尊重多样文化，吸收人类优秀文化的营养，提高文化品位；培植热爱祖国语言文字的情感，增强学习语文的自信心，养成良好的语文学习习惯，初步掌握学习语文的基本方法；在发展语言能力的同时，发展思维能力，激发想象力和创造潜能。学习科学的思想方法，逐步养成实事求是、崇尚真知的科学态度。

2. 数学

数学在形成人的理性思维、科学精神和促进个人智力发展的过程中发挥着不可替代的作用。数学素养是现代社会每一个人应具备的基本素养。数学教育承载着落实立德树人根本任务、发展素质教育的功能。数学教育帮助学生掌握现代生活和进一步学习所必需的数学知识、技能、思想和方法；提升学生的数学素养，引导学生用数学眼光观察世界，用数学思维思考世界，用数学语言表达世界；促进学生思维能力、实践能力和创新意识的发展，探寻事物变化规律，增强社会责任感；在学生形成正确世界观、人生观、价值观等方面发挥独特作用。数学课程以学生发展为本，落实立德树人根本任务，培育科学精神和创新意识，提升数学学科核心素养。

3. 英语

英语课程是一门面向全体学生，旨在发展学生核心素养的基础课程，是学生学习和运用英语语言、了解和传播中外优秀文化、工具性和人文性相融合的重要课程，具有时代性、基础性、实践性、成长性、综合性和整体性特征。英语课程旨在全面贯彻党的教育方针，落实立德树人根本任务，帮助学生感知、体验、理解和运用英语发展语言能力，了解不同文化的差异性，汲取文化精华，客观理性地看待世界。通过英语课程的学习，学生逐步形成跨文化沟通与交流的意识和能力，树立国际视野，增强家国情怀，养成良好品格，形成正确的世界观、人生观和价值观，学会自主学习、合作学习和探究学习，为义务教育阶段之后的英语学习和终身发展奠定基础。

4. 物理

物理学始终引领着人类对自然奥秘的探索，深化着人类对自然界的认识。物理学对化学、生命科学、地球与宇宙科学等自然科学产生了重要影响，推动了材料、能源、环境、信息等科学技术的进步，促进了人类生产生活方式的变革，对人类的思维方式、价值观念等都产生了深远影响，对人类文明和社会进步做出了巨大贡献。物理课程是基础教育自然科学领域的一门基础课程，旨在落实立德树人根本任务，进一步提升学生的物理学科核心素养，为学生的终身发展奠定基础，促进人类科学事业的传承与社会的发展。物理课程能引导学生经历科学探究的过程，体会科学研究方法，养成科学思维习惯，增强创新意识和实践能力；引领学生认识科学的本质及科学、技术、社会、环境的关系，形成科学态度、科学世界观和正确的价值观，为做有社会责任感的公民奠定基础。

5. 化学

化学不仅与经济发展、社会文明的关系密切，也是材料科学、生命科学、环境科学、能源科学和信息科学等现代科学技术的重要基础。化学在促进人类文明可持续发展中发挥着日益重要的作用，是揭示元素到生命奥秘的核心力量。化学是基础教育阶段的重要课程，是落实立德树人根本任务、发展素质教育、弘扬科学精神、提升学生核心素养的重要载体；化学学科核心素养是学生必备的科学素养，是学生终身学习和发展的重要基础。化学课程对科学文化的传承和高素质人才的培养具有不可替代的作用。

6. 生物

生物学课程是科学领域的重要学科课程之一。其精要是展示生物学的基本内容，反映自然科学的本质。它既要让学生获得基础的生物学知识，又要让学生领悟生物学家在研究过程中所持有的观点及解决问题的思路和方法。生物学课程要求学生主动地参与学习，在亲历提出问题、获取信息、寻找证据、检验假设、发现规律等过程中，习得生物学知识，养成科学思维的习惯，形成积极的科学态度，发展终身学习及创新实践能力。学习生物学课程是每个公民不可或缺的教育经历，其学习成果是公民素养的基本组成。本课程着眼于学生适应未来社会发展和个人生活的需要，从生命观念、科学思维、科学探究和社会责任等方面发展学生的学科核心素养，是树立社会主义核心价值观、落实立德树人根本任务的重要载体。

7. 体育

体育与健康课程是基于生命、指向生命，提升生命质量的学科。他以体育教育为主，融合健康教育，注重学科德育，培养学生的健康意识和行为，促进学生全面发展。体育与健康课程与生物学、化学、物理学、社会学、心理学、艺术等学科有着广泛的关联性，对于促进学生心理健康、体魄健康，推进健康中国建设，增强中华民族的旺盛生命力，促进社会文明进步，培养德智体美劳全面发展的社会主义建设者和接班人，都有不可替代的作用。

8. 音乐

音乐是人类最具普遍性和感染力的艺术形式之一，是人类精神生活的有机组成部分。作为人类文化的重要载体，音乐蕴含着丰富的历史内容和人文内涵，以其独特的艺术魅力和社会功能，伴随人类社会历史的发展，满足人类精神文化需要。对音乐的感悟、理解、表现和创造是人类的一种基本素质和能力；基于音乐艺术与人类精神情感，即审美和人文素养的密切关系，音乐课程具有人文性、审美性、实践性、思想性、时代性、基础性、选择性和关联性，为培育和践行社会主义核心价值观、培养学生的音乐学科素养、落实立德树人根本任务、发展素质教育服务。

9. 美术

美术是拥有一定媒材及技术的，表现人的需求、想象、情感和思想的艺术活动。美术与社会文明的发展密切相关，是人类最早和最基本的活动之一。在信息技术迅速发展的今天，美术广泛而深度地融入社会，以丰富和多样的视觉形态促进交流、传播文化、发展创意、服务社会，凸显其人文性和工具性价值。

美术课程的根本任务是立德树人，以美育人，培育健康审美观念，陶冶高尚情操。认识文明成果，坚定文化自信，树立正确的文化观。激发想象力和创造力，培养创新精神，促进学生全面而有个性的发展。同时帮助他们适应社会生活，为其接受继续教育发展做准备。美术课程要充分发挥美术学科独有的育人功能，引导学生通过观察、感知、体验、思考、探究、创造和评价等具有美术学科特点的学习活动，形成美术学科核心素养，促进全面发展。

10.历史

历史学是在一定历史观指导下叙述和阐释人类历史进程及其规律的学科。探寻历史真相，总结历史经验，认识历史规律，顺应历史发展趋势，是历史学的重要社会功能。历史学是人类文化的重要组成部分，在传承人类文明的共同遗产、提高公民文化素质等方面起着不可替代的重要作用。

中学历史课程承载着历史学的教育功能。历史课程是运用历史唯物主义观点，以社会形态从低级到高级发展为主线，展现历史演进的基本过程及人类在历史上创造的文明成果，揭示人类历史发展的基本规律和大趋势，促进学生全面发展的一门基础课程。学生通过历史课程的学习，进一步拓宽历史视野，发展历史思维，提高历史学科核心素养，能够从历史发展的角度理解并认同社会主义核心价值观和中华优秀传统文化，认识并弘扬以爱国主义为核心的民族精神和以改革创新为核心的时代精神，具有广阔的国际视野，树立正确的世界观、人生观、价值观和历史观，为未来的学习、工作与生活打下基础。

11.地理

地理学兼有自然科学和社会科学的性质，在现代科学体系中占有重要地位，对于解决当代人口、资源、环境和发展问题，建设美丽中国，维护全球生态安全具有重要作用。地理课程反映地理学的本质，体现地理学的基本思想和方法，旨在使学生具备人地协调观、综合思维、区域认知、地理实践力等地理学科核心素养，学会从地理视角认识和欣赏自然与人文环境，懂得人与自然和谐共生的道理，提高生活品位和精神境界，为培养德智体美劳全面发展的社会主义建设者和接班人奠定基础。

12.思想政治

思想政治课程是落实立德树人根本任务的关键课程，以培育社会主义核心价值观为目的，是帮助学生确立正确的政治方向、提高思想政治学科核心素养、增强社会理解和参与能力的综合性、活动性学科课程。高中思想政治课程紧密结合社会实践，讲授马克思主义基本原理，讲授马克思主义中国化成果，特别是习近平新时代中国特色社会主义思想，引导学生进行自主思考、合作探究的学习过程，理解中国特色社会主义进入新时代的历史方位，了解新时代中国特色社会主义经济建设、政治建设、文化建设、社会建设、生态文明建设和党的建设进程，培育政治认同、科学精神、法治意识和公共参与等核心素养，逐步树立共产主义远大理想和中国特色社会主义共同理想，坚定中国特色社会主义道路自信、理论自信、制度自信、文化自信，基本形成正确的世界观、人生观、价值观。思想政治课程具有学科内容的综合性、学校德育工作的引领性和课程实施的实践性等特征，它与思想政治理论等课程相互衔接，与时事政治教育相互补充，与其他学科教学和相关德育工作相互配合，共同承担思想政治教育立德树人的任务。

13. 劳动教育

劳动教育，又称劳动与技术教育。它是一门综合性强、操作性强的学科，对于贯彻落实党的教育工作方针，深入推进素质教育，重点培养学生的创新精神和实践能力，培养当代社会需要的高素质人才和创新型劳动者有着重要意义。劳动教育是我国基础教育的一个重要方面，对增益学生的劳动观念、磨炼意志品质、树立艰苦创业的精神及促进学生多方面的发展具有重要作用。现代社会日新月异的技术革新要求劳动技术、劳动教育与技术、家政、职业教育紧密地联系起来，使学生获得终身进行技术劳动和技术学习的能力，成为未来的合格劳动者。加强劳动与技术教育是提高中华民族的科学技术素养、促进经济与社会的可持续发展的有效举措。

第四章　学科教学中课程思政生成的关键因素

学科教学本身具有丰富的育人价值。首先，教学的育人价值可以从不同层次、不同角度去理解，而最深层的是对学生生命成长的价值。其次，学科教学育人价值的实现离不开课堂教学，课堂是学生的主要生存空间，也是其发展成长的主要场所。离开课堂教学活动，育人价值的追求便成了无源之水、无根之木。在基于社会的转型发展，对知识的价值重新认识和定位的基础上，我们对课堂教学的价值认识和过程认识也要发生转变，要确立教学是为促进学生生命成长服务的价值理念。

时代的发展和教育改革的深化使得学校教学价值观发生了重大转变。当前我国基础教育中课堂教学的价值观，需要从单一地传递教科书上呈现的现成知识，转为培养在当代社会中实现主动、健康发展的一代新人。学校课堂教学价值观的转变要求教师重新思考"教书"与"育人"的关系，由原来的"教知识"转变为"育主动发展的人"。学校教学活动的特殊性，在于其具有鲜明的"生命性"。真正有意义的教学应该是一种以人的生命发展为目的的教学，它关注的不仅仅是学生获得了多少知识、学会了多少技能，更重要的是通过教学扩展和彰显人的生命力量。因此，形成新的教学价值认识是课堂教学育人资源开发和利用的前提。

多年以来，"新基础教育"扎根中国基础教育实践，围绕学生的生命成长的最终目的，提出了学科教学价值观的共同、独特、具体的三层次结构。

不同学科知识的背景、内容的组织和教学的形式各不相同，教学课时数也有差异，但各学科的教学价值观却是共通的，即任何学科的教学都是围绕着"育人"这一目的展开。不同的学科知识为学生成长提供了丰富多样的育人资源，教学不仅要帮助学生获得不同学科的、显性化的知识，更重要的是，要使学生在学科知识的学习过程中体验生命成长的艰辛和快乐，形成主动创造的意识和能力。

除了学科共同的育人价值之外，任何一门学科都有其独特的育人价值。比如，英语学科独特的育人价值在于，养成开放观念和批判接受文化的意识，自主学习意识和思维转换意识，教学改革对多种能力养成的潜在价值、多元文化素养和尊重各种文化的意识和态度、学习毅力和学习习惯的价值等具有重要作用。虽然不同学科对学生的生命成长的意义有别，但一般都包括学科知识本身对学生发展的价值、不同学科的认识世界的方式和视角、学科发现问题的方法和思维的策略、特有的运算符号和逻辑、不同学科知识学习过程中特有的经历和体验等。通过关注学科独特的育人价值，课堂教学便有可能帮助学生获得不同学科知识的滋养，使其生命成长不断得到丰富和完善。

具体教学内容对学生成长有不同的意义。因为，课堂教学育人价值总是通过教学实践中的每节课来实现的。具体教学的内容有具体的价值，只有分析不同教学内容对学生成长的具体价值，学校教学的生命价值追求及不同学科对学生的滋养作用才有可能在学校教学日常实践中得以实现。

课堂教学的三层次价值观的确立，为教学变革指明了的具体方向，也为在教学实践中完成课堂教学价值观转变提供了具体路径。通过"共通价值—学科独特价值—具体内容价值"之间的层层转换，教学促进学生生命成长的总体目标便有可能在每门学科、每个单元、每节课的教学中得到实现。

一、教师

课程思政反映了课程建设的核心理念从教学向教育的转变。课程思政的对象是学生，要实现铸魂育人的目标，课程首先必须有"魂"，而一门课程是否有"魂"，关键在于教师是否有"魂"，也就是"让有信仰的人讲信仰"。所以，课程思政教师必须先思政，理由如下。

（一）课程思政教学对教师的素质和能力提出了更高的要求

课程思政教学与教师的职业理想、责任感、道德操守、传道能力等密切相关，它不像思政课程那样有明确的目标和具体的内容，而是完全依赖于教师的自觉意识。

1. 教师的崇高职业理想和责任感——课程思政取得实效的基本前提

首先，崇高的职业理想是教师贯彻课程思政教学理念的内在动力。崇高的职业理想有利于增强教师立德树人的责任感、使命感，促进教师自我完善、全面发展。在崇高职业理想指引下教师对教育事业的执着追求、教师的学术影响力等都会对学生成长成才起到潜移默化的影响。教师应坚守崇高的职业理想和正确的人生价值观，以奉献的精神构建自己的教学生涯，真正对学生的价值塑造、知识传授和能力培养产生积极影响。

其次，在崇高职业理想引领下的高度责任感是教师实施课程思政的良心所在。高校教师只有明确自身的育人角色定位，认识到立德树人的责任感、使命感，才能增强课程育人的自觉性，发挥课程思政的积极性、主动性和创造性。教师要把责任感体现到平凡、普通、细微的教学管理之中，在教学过程中渗透人本意识和仁爱之心，尊重学生的人格和价值需求，从专业的角度指导学生的人生和职业发展，把思想政治教育做到学生心坎里、直抵学生心灵，让学生在关爱中体会课程思政带来的获得感、幸福感。

最后，课程思政能否有效展开，教师责任感支配下的情感因素发挥着重要的作用。课程思政需要教师与学生之间的情感、语言交流，教师应在教学中时时刻刻体现真情实感，用和蔼可亲的方式开展与学生的精神交流，让学生从情感上接近教师，感受到教师对自身成长成才的关怀，真正做到亲其师信其道。

2. 教师的思政教育主体意识——落实课程思政的逻辑起点

激发教师课程思政的意识是课程思政取得实效的首要环节。现实中，有的教师只注重知识传递，无视价值塑造；有些教师对所教课程的育人功能认识不足，认为德、智、体、美课程分工不同，对学校要求的课程思政投入不足、应付了事，这是对课程教学的误读。绝大多数学生对于专业课程有着特殊的情感，专业课程对学生的吸引力大、学生上课抬头率高，课程思政如果运用得好，在培养兼具科学精神和人文精神的人才方面具有不可替代的地位，可以对学生职业理想、职业道德、职业素养、职业良心的培养起到事半功倍的教育效果。教师应克服课程思政实施主体的认知障碍，充分认识自己在课程教学中思想政治教育者的角色定位，自觉树立思政教育主体意识，落实课程思政实施主体责任，坚决克服专业教育与思政教育"两张皮"现象。在教学过程中，真正做到既传播知识又潜心育人，主动引入本专业领域的先进人物、先进事迹等思政元素，运用典型事例引起学生的情感共鸣，力求对学生思想和行为产生积极影响，增强课程思政的吸引力、感染力、针对性和实效性。

3. 教师的思政教育知识积淀——课程思政取得实效的条件保障

任何课程都蕴含着一定的价值导向，能否真正挖掘出来取决于教师是否具备较高的"传道"素质和较强的"传道"能力。课程思政源于课程本身，渗透在教材的不同部分，蕴含着对学生有教育意义或人生启迪的道理。教师作为课程思政的组织者、实施者，需要在专业课程中自行挖掘思想政治教育元素，这就对教师的知识和能力素质提出了更高的要求。

教师的潜质。思想政治教育具有鲜明的意识形态属性，学校应在新教师入职过程中适当增加教育学、心理学和马克思主义理论培训内容，引导教师明确正确的政治方向，具备明辨历史虚无主义等错误思潮的能力；掌握一定的教育心理学知识，拥有开展课程思政的能力；具备辨别课程中思想政治元素的潜质，能够深入挖掘各类课程中蕴含的思想政治教育资源。

教师的政治敏锐性。各门课程分别蕴含着不同的思想政治教育元素，只要是对学生人生成长有积极引导作用，有助于激发学生的爱国、理想、正义、道德等正能量的内容，都应当属于课程思政的范畴。有些教师是专业授课高手，专业课内容娴熟，但对思想政治教育内容缺乏敏锐性，这样的教师只能说是一个好的"教书匠"，谈不上是真正的"好老师"。教师应加强课程思政教学研究，运用宽广的学术视野、跨学科思维能力和敏锐的政治头脑审视教材，善于发现课程中的思想政治教育元素，找准课程内容与思想政治教育的契合点，特别是挖掘具有本校特色的历史文化、学科特色等育人因素，有针对性地开展课程思政教学。

教师掌握的方法。课程思政不同于思政课程中的思想政治教育，它是一种隐性的思想政治教育活动，具有渗透性、潜隐性等特征，考验的是教师的教学方法、技巧和艺术等基本功。因此，教师要在事前准备上下功夫，深入思考如何在课堂上有机融入思政的内容与方法，做到融会贯通、运用自如，潜移默化地影响学生。

（二）课程思政意味着教师的角色发生了根本性的变化

教师要从单纯的知识传播者，转变为健全人格的塑造者和正确价值观的引领者。一名优秀的教师不仅传授书本知识，还应该集"知、仁、勇"于一身，成为塑造学生品格、品行、品位的"大先生"。这也意味着课程的重心要随之发生转变。对基础教育课程来说，它不再局限于传授科学知识，还表现为传播科学文化。科学文化的内涵十分丰富，包括科学方法、科学规范、科学精神、社会价值等。知识和文化的滋润能够激发学生对大自然的好奇心，塑造其对未知世界的想象力，培养其在科学研究中的创造力并帮助学生树立正确的世界观。

开展课程思政实践时，如何破解知识与价值之间的割裂问题，对教师构成了挑战。教师需要以实事求是的态度进行深入细致的分析研究，对不同类型的课程采取不同的方法。提倡教师以问题逻辑重构课程知识体系，将课程目标由知识传递转变为价值引领，将知识架构从模块化的知识单元形式转变为跨学科的问题引导形式，让科学发展的脉络变得更加清晰。在知识传授中，教师呈现其中蕴含的思政元素，让学生在潜移默化中接受科学文化的熏陶。

什么是思政元素？通俗地说，思政元素就是自然和社会中的真、善、美，是塑造灵魂、陶冶情操的一切元素。有人狭隘地将思政元素局限于我国当代的思想政治领域，其实社会主义核心价值观不仅具有鲜明的中国特色，也充分吸收了全人类的优秀价值理念，揭示了人类社会的普遍价值追求，具有重要的世界意义。融入思政元素有自然与天然两种方式。所谓自然就是指系统开发的育人功能，所谓天然是指课程中的固有成分，例如在自然科学课程中的大自然（宇宙）之美、科学之美、科学家精神等，它们是每一门课程中最值得挖掘、开发和利用的宝贵资源。此外，他山之石，可以攻玉，课程思政也要善于利用外来素材，它们可以跨越时间、空间、人物、学科，而且可以提供课程改革的新视角、新路径，关键是要和课程内容自然融合。

从广义的角度来说，思政元素既蕴含在课程知识中，也外化于教师的言行中。课程思政的主战场是课堂，但也不限于课堂。从课程与教材一体化设计到课堂教学与课后训练一体化设计，课程思政是全方位、立体化的。相关主要教育部门应该发挥引导和促进作用。

1. 加强顶层设计，发挥教师积极性

对教师来说，开展课程思政既是进行教学改革的重要契机，也是实现自我提升的过程，是对育人理念、方法和能力的锤炼。

首先，教师要对课程开展深入研究，把教学研究提高到和科学研究同等重要的位置，通过反复探索和实践，不断提高课程的质量。其次，要认识到课程思政不可能一蹴而就，也不是一朝一夕的事，而是需要长期的积累。这里的积累既包括日常工作中的学术积累，因为只有具备了足够的学术水平才能对课程内容有扎实的把握，也包括工作之外的生活积累，教学中的灵感和思路往往是在日常生活中不经意间迸发的。再次，走出舒适圈，通过不断学习提高思想认识和教学水平，不拘泥于既有的教学框架和模式，勇于突破自我。最后，教学是教师的实践活动，但不能局限于"教"的实践，必须与"学"联系起来，以促进学生的"学"为目标，关注教师的实践对学生的学习是否产生了影响及产生了何种影响。

课程思政不是针对少数课程，而是针对所有课程；不是局限于校内课程，而是面向线上线下所有课程。对教育管理部门和课程思政研究中心来说，一方面，推进课程思政要树标杆、立典型，大力建设课程思政示范课程和示范团队，提供可复制、可推广的样板；另一方面，要动员、发动每位教师投身课程思政建设，发挥积极性、主动性和创造性，把课程思政从部分教师的个人行为推广为全体教师的集体意识。

2. 加强教师培训，"以赛促教"

各级教育部门充分利用教师入职培训、专题培训等机会，让任课教师加强理论学习，提高对课程思政的理解和认识，从而能够在具体教学中做到学科知识性与育人性并重；在教学团队建设时，明确要求团队教师担负起育人责任，参与课程思政相关教研活动。对于在课程思政教学改革中涌现出来的先进典型及师德标兵、党员教师、"双带头人"等给予表彰，激发广大教师的责任感和使命感，营造推进课程思政改革的浓厚氛围；还要结合教师教学综合能力竞赛、教师课堂教学竞赛及信息化教学竞赛等各类各级教学竞赛，明确课程思政计分要点，考核参赛教师的课程思政意识、能力及效果，达到"以赛促教"目的。

3. 发掘课程思政优秀教学案例

完善现有课程教学大纲，在教学目标中增加课程思政维度的目标要求，根据课程思政目标，设计相应教学环节，在教学团队、课程内容、教学组织、教学方法、实践教学等环节将课程思政元素融入学生的学习任务中。鼓励教师探索课程思政多元化教学方法，依托在线课程建设网络平台，采用专题式、案例式等多种教学方法，潜移默化地将课程思政教学目标融于教学设计中。对于成效好、反响佳的典型教学案例，学校及时发掘和总结推广，为教师树立样板，为提升课程育人效果提供借鉴。

4. 做好课题研究，开展系列主题活动

通过课程思政相关研究课题，带动教师转变观念和教学方式，把政治认同、国家意识、文化自信、人格养成等思想政治教育导向与各类课程固有的知识、技能传授有机融合。结合教师思想政治理论学习，定期开展课程思政系列主题活动，如以"课程思政、党员先行"为主题的党支部创新教育活动、"课程门门有德育，教师人人讲育人"的研讨交流活动、课程思政优质课堂展示和优秀课程案例评选活动等，目的是让课程思政内容实起来、形式活起来。

与此同时，教师需要深入开展课程思政研究，针对不同学科、专业和课程的特点，对课程思政的内容和方式进行整体规划，在制订专业教学计划时，根据每门专业课程的问题逻辑，设计内容架构和教学方案，将课程思政由单门课程的自由发挥提升到教育教学计划的顶层设计，使得每门课程各有侧重，彰显特色。

课程思政追求成风化人，润物无声。对课程思政效果的评价也不能追求短期效应，应主要关注课程思政是否触发了学生的感悟与反思，是否对他们的思考和行为产生了正面的、积极的影响。

二、知识

（一）知识是学生生命成长的资源

当代社会中，知识的增长速度、形态及内涵价值等正发生着巨大的变化。同时，社会转型发展对人的发展提出了新的要求。在这种背景下，学科教学面临着新的思考和挑战，促使教育者不得不反思知识在学生成长中扮演的角色，改变传统教学中学生为知识而存在、为传递知识服务的认识偏差。即知识应为学生的成长服务，知识是学生生命成长的资源，知识是育人的资源。

1. 社会变革对人提出新的要求

当代中国处于一个高速发展的时代，个体的生存环境日益复杂。生存环境中变数增多，各种不确定性和可选择性因素不断增加。对于个体来说，在拥有了更多的机遇和选择的同时，也面临更多的风险和危机。因此，个体的选择与适应能力已经开始影响到人的生存问题，每个人都将通过自主选择和主动适应来寻求自己的发展之路。就时代精神与教育目标关系而言，呼唤人的主体性，是时代精神中最核心的内容。也就是说，人的主体精神和个性的张扬已成为时代的主旋律。在这样一个以人为本的社会中，个体的生存意识不断被唤醒，经常主动地去追求变化、追求发展，努力实现个性的解放和生命价值的实现。由此可见，社会的发展已经对人提出了更高的要求，个体必须获得主动发展、适应变化的意识和能力，摆脱以往社会中自我发展的滞后性和被动性。当代社会中，人的地位获得了前所未有的提升，与此相伴的是社会对人的要求也愈来愈高，而传统学科教学把学生当作知识灌输的容器，这种局面显然与当代社会对人的要求不相符。因此，为适应时代的发展，教学必须实现对学生观念的转变。

马克思主义认为，人是各种社会关系的总和。人总是在一定的社会关系中存在的，因此，人无法脱离社会的影响，人的发展也不可能脱离社会对人的要求来进行。基于当代社会转型给人的生存带来的挑战，人必须首先重视未来。相对于以往的农业社会和工业社会，当前社会的转型性变革将更多的变数和不确定性因素带入人们的生活，而且发展变化的速度之快，经常让人难以应对。个体要想在这种生活环境里存活下来，必须学会改变现状，思考未来社会的发展趋势，对社会需求做出预测，并且在此基础上使自身对变化的适应能力得到不断提高。未来性不是对教育历史继承性的简单否定，不是对"现实性"的视而不见，它是将历史的资源通过现实教育，转化为增长个体适应未来发展需要的能量，它追求的是教育"过去""现在"和"未来"三个社会及人发展的时间维度的沟通和融合，使学生有不断增生和创造性重建所学习的知识和文化的意识和基础性能力。基于这种认识，人必须有未来意识，必须学会以"未来"的眼光来看待

用"未来"的要求来促进"今天"的发展，如果人总是沉浸在"过去"当中，满足现状，不思变革，必然会被时代淘汰。要学会主动发展。主动性是人的生命的本质构成。从生物学角度讲，机体的运行是以主动的方式进行的。从人与外界环境的物质交换，到人体内各种器官之间的协同运作，都体现了个体对环境的主动适应。从人精神发展的角度讲，个体也是按照自身的需要，收集、整合各种外界信息，来满足生命成长的需求。人之所以能够区别于动物，就在于人能够以意识来指导自己的生命实践活动，正如马克思所言，"人则使自己的生命活动本身变成自己意志的和自己意识的对象。"有意识的生命活动把人同动物的生命活动直接区别开来。人正是具有这种区别于动物的自觉性，才会脱离外界环境的限制，具备了生命实践的主动性。

人具有自觉、自主选择和创造的意识和能力。唯有采取主动方式去参与活动并形成积极的关系，在活动中实现自我发展的人，才是能在当今社会实现其生命价值和创造幸福人生的人。

在当今时代，个体要想适应社会的急剧变化，更要主动追求发展，主动追求变革。个体只有采取主动的态度和方式，不断克服和超越自身的局限，积极参与与其相关的各种关系和实践性活动，并且在活动中不断实现自我发展，才能够在具有多种可能性的复杂社会中作出主动选择，才能够在不确定性的生存环境中把握确定性，才能够在当今社会实现其生命价值和创造幸福人生。

我们坚信，所谓教育的成功，最终并不是看学生掌握了多少知识，或者考了多高的分数，而是看是否培养出了有能力健康地生存在社会上的人。只有具备主动发展的意识和能力，才能在生命成长的道路上获得源源不断的动力，才有可能更好地适应不断变化的社会，彰显生命的意义和价值。

2. 人的生命成长需要资源滋养

社会的发展，使得社会对人的价值的关怀提升到了一个新的高度，可以说，当代社会一个主旋律就是突出人的地位和价值，历史上几乎没有哪一个时

代能像今天这样崇尚人的自由和尊严。然而，人要实现这种地位和价值的提升并获得主动发展的意识和能力，其生命成长的过程就需要资源的滋养。就像生命离不开空气、阳光、水分一样，人的生命成长也离不开"养料"。因此，课堂教学需要对知识重新认识，确立知识作为育人资源的地位。

众所周知，当今中国正处在一个由工业社会向知识社会转型的时期。知识已经成为推动经济和社会发展的重要力量。同时，社会的快速发展也给知识本身带来了深刻的影响。相对于正在日益成为历史的工业社会，当代知识在数量、存在形态及价值内涵等方面都在发生着巨大的变化，同时也对个体的发展和学科教学提出了新的要求和挑战。

第一，从知识的数量上来看，当代社会是一个知识爆炸的时代。各种新的知识不断出现，知识不仅在总量上不断增长，变化更新的速度也不断加快。在相对稳定、发展缓慢的工业社会，学校教育通过知识传递使人获得适应未来社会的能力，这种教育之所以可行，原因之一就在于知识总量是有限的，而且发展变化的速度相对缓慢。然而，对于今天这个知识高速发展的时代来说，由于人类知识的快速增长，总量的不断加大，个体已经无法在学校中获得其一生所需的所有知识，或者说，个体在学校中所掌握的现成知识难以使学生适应这个急剧变化、多元开放的社会。因此，个体不能停留于接受现成的知识，而是应该在有限的学校教学里努力去获得无限发展的可能。这就要求个体具有不断获取新知识的意识和能力，在知识学习和运用的基础上，自觉参与新知识的创生，只有这样才有可能不被急剧变化的社会所淘汰。

第二，从知识的存在形态方面来看，知识不再局限于传统的学科形态。在传统教学中，人们仅仅把人类的认识成果当作知识。教学中，教师所要做的就是对这些固定的知识进行讲解，传递给学生，学生的角色便是接受这些知识。而学生已有的生活经验和知识经验，他们对知识个体性的理解、独特的生命体验，等等，往往被认为不属于知识的范畴，因此也得不到关注。但是，在今天这样一个高速发展的信息时代，仅以学科形态来理解知识已经不合时宜。信息时代的发展使得人们获取知识和交流知识的方式发生了改变。以往，人们主要通过学校来学习知识。当前，发达的网络、媒体、通信等渠道为人们提供了大量丰富的信息资源，人们可以从多方面获得知识，并且更多地通过媒体、网络等手段进行交流。方便的获取途径、丰富的知识既为个体的学习和创造提供了充足的资源，也对个体的选择、判断能力提出了挑战。机遇总是与挑战并存。

个体如何才能避免外在地、表面化地占有这些知识，如何才能不使自己的大脑成为别人的知识的"中转站"或"演武场"，如何才能真正将这些知识内化到自己的生命当中，如何才能创造出新的知识，面对扑面而来的各种不同的信息，个体必须学会搜索、判断、分析、综合、重组。在这样的背景下，人们学到不仅是一系列的结论性知识，更重要的是，在对不同资源的分析、选择、判断、加工中，经历了个体经验和个人生命实践不断丰富的过程。正是从这个意义上来讲，个体获得的知识已经不是传统意义上静态的、学科形态的知识，而是具有了人类实践性质的知识。这种实践形态的知识既包含了个体在探寻知识时不断增长和改造的个体经验，同时也伴随着个体生命成长的过程，既是一种个体经验形态的存在，也是个体生命实践形态的存在。

第三，从知识的内涵价值来看，当代知识的资源性价值日益凸显。知识的内涵价值是随着社会的发展而发生变化的，在不同的社会里，知识具有不同的价值。在农业社会，知识的内容主要局限在个体修身养性的范围中，人们往往把拥有知识看作一定身份和地位的标志。到了工业社会，知识的触角越来越深入到各种自然科学和社会科学，在人类改造世界过程中所起的作用愈加显著。因此，知识的实用价值越来越受到重视。人们通过掌握知识来解决实际问题，依靠知识，人改造自然和社会的本领不断提高，知识成了人类进行实践的"工具"。由此可见，在以往的社会中，人们往往孤立地关注知识本身的价值和效用，正所谓"学以致用"，而不是从知识与人的发展关系角度来看待知识，并不能认识到知识对人的成长发展的价值。然而，随着信息社会的到来，知识的价值得到拓展，人们在关注知识的"工具性价值"的同时，更加看重其"资源性价值"。知识在以爆炸的方式增长，人不可能在有限的学校教学时间内获得一生所需要的所有知识。因此，人不再仅仅努力去学习掌握已有的知识，不再将掌握知识作为人学习的唯一目的，而是应该将知识看作资源，以教学为载体，在知识学习和运用中，不断地主动参与知识的形成过程，获得创造新知识的意识和能力，将知识的学习过程视为个体生命成长的过程，在个体生命实践不断丰富的过程中，使个体的主动发展意识和能力不断得到增强。这样才有可能成功应对未来的挑战。

总之，社会的发展使得知识在数量、形态及内涵价值上发生了巨大变化。当代知识的变化给个体带来了前所未有的发展契机和可能，同时也对个体提出了适应社会变化、应时发展的更高要求和挑战。这种新的要求和挑战继而也成为课堂教学变革的依据，要求课堂教学改变传统的知识观，将知识视为育人的资源。

（二）知识是育人的资源

传统教学中的知识常常是一种外在于学生的客观反映。教师习惯把学生和知识对立起来，把知识看作人学习的对象。学生是为知识而存在的。这样的知识观就容易导致教学将知识以各种方式传授给学生，而学生则是对知识进行记忆、理解、运用的工具。这种教学逻辑背后所隐含的观念和思维方式是对知识与人关系的对立认识。在知识更新速度相对缓慢、总量不大的社会里，这种"学以致用"的知识观或许可以满足社会的要求。然而，面对当代知识的剧增，在知识的形态和内涵都发生了巨大变化的情况下，保守传统的知识观只会使教学处于"捉襟见肘"的尴尬局面。其一，知识的剧增使得学生不可能在有限的课堂里获得所有的知识；其二，传递以符号表征的知识未必真正能够帮助学生建立对世界的认识。因此，课堂教学必须实现知识观的转变，关注知识对学生生命成长的滋养价值。

有学者从教育学的视角分析了知识的性质，认为传统教育学是以学科的立场来看待教育中的知识，未能形成教育学对知识性质的独特认识。教学应该立足于教育活动本身，立足于学生个体生命的成长，立足于教育过程中的活动、实践与认识成果之间的关系等来考察知识的性质。

第一，教育中的知识具有生成性和创造性。知识不仅是凝固态的、以语言符号系统方式呈现出来的结果，而且也通过个体的行为方式而得到表达。将行为作为知识表达的一种方式，使我们拓展了对知识概念的认识，知识不再只以语言符号形式表现出来，不能言说的东西可以通过行为或其他途径显现。在这个意义上，个体在知识学习过程中的体验、行为都可以看作一种知识形态，成为教学资源开发的对象。

第二，在时间维度上过去与未来的承接。从知识本身所内含的时间维度来看，知识本身就在过去、现在和未来之间有着紧密的联系，知识不仅是对已有认识成果的表达，对现在发生着作用，而且也蕴含着对未来的预见和把握。因此，知识也具有未来的意义。基于这种认识，教学不能满足于对过去知识的传递，如果我们"以昨天的知识来'武装'今天的大脑，去面对未来的挑战"，则必定会被未来所淘汰。

第三，在空间维度上的延伸与互补。一是我们在学习不同知识内容时，重视知识内容之间的关联，力图使某一方面知识的学习对学习其他知识具有意义。知识本来就是相互关联着的，不同学科的知识之间有着密切联系，同一学科的不同知识之间也有着密切联系。二是在教育过程中，可以借助不同学生个体认识上的差异性激发学生新知识的形成。不同学生学习知识时的不同特征、不同知识基础、对知识的不同理解等，都可以成为教育中的资源，在教育过程中可以使学生由此受到启发，在交互作用过程中实现共同发展。

第四，具有生命性。知识的生命性指：一方面，知识只有与个体生命实现结合才具有现实意义；另一方面，知识在个体身上体现出延续性和发展性，个体对知识的理解都基于自己对已有知识经验的理解，从而体现出个体性，知识对于不同的个体因而也具有不同的价值。由此可见，所谓"占有知识"，并非意味着学生一定要以统一的标准来掌握知识，学生对知识的理解总是带着个体的色彩。这也是课堂教学为什么要开发学生个体经验的依据所在。因此，个体化的理解也可以成为课堂中的教学资源。

我们之所以将知识看作育人资源，关键在于知识对人的生命成长具有滋养价值。作为人类实践的产物，知识一经产生，便以符号为表征，经过人类世世代代不断的丰富、更新、分化和改造，逐渐演变成一个相对独立的人类精神文化世界。知识"最初只是人对实体、经验世界的一种记载和表达，而后随着人类社会的分工及对世界、自我认识的丰富化和系统化，逐渐地形成当今我们称之为科学、哲学、艺术、技术等多种符号和体系构成的丰富的学科世界"。就内容来讲，人类的精神文化世界并不仅仅是一系列的符号和体系，它内在地包含着人的各种生活经验及经验的组织方式，同时也包含着人类的生命实践，蕴藏着无限的精神能量。它的相对独立性使得人难以直接从现实生活世界获得完整意义上的知识，而它与人的生命实践的关联性，又使得个体精神世界的发展无法脱离日常生活来实现。因此，对于学校教学而言，对人类精神文化进行"双重开发"便显得尤为重要。一是对不断满足人类丰富多样需要和社会发展的人类实践的开发功能；二是对每一个学习者精神世界和创造潜力的开发功能。正是这两种功能，使精神文化世界对人类和个人具有了重要的、不可缺失的发展性价值。而要实现这一价值，学校教学则需要在知识与个体的生命实践和精神生命成长之间不断进行转换，在精神文化世界和现实生活世界之间构建双向沟通和彼此创生的关系。这样，知识作为人类精神文化的产品，已不再仅仅是教学传递的对象，而是成为对学生的生命成长具有滋养价值的育人资源。

作为育人资源，知识的价值具体体现在对学生生命实践的滋养和对学生的精神生命的滋养两个方面。知识的产生过程也是人的生命实践过程。对于学生而言，由于面对的是以符号表征、以学科形态存在的知识，学生往往难以从深层次上认识到知识完整的或者本来的意义。除了以显性的学科形态存在的知识以外，背后所隐含的社会背景，知识生产者所面临的生存环境和问题，知识的组织方式，以及所反映出的思维结构与方式，等等，这些元素共同构成了知识存在的基础，是以人类实践形态存在的知识。因此，与其让学生接受外在于自己的符号化知识和显性化经验，还不如让学生与生产知识的人和历史进行对话，实现两者之间的有意义的沟通，从而使学生进入到人类的生命实践之中，把他人的经验转化为自己的经验，把他人的生命实践，通过自己的体悟和践行，转化为自己的生命实践。正是基于这种认识，我们认为，知识可以丰富学生的生命实践。

不仅如此，由于知识既包含了人类认识和改造客观世界的理性之光，也同时融入了人的情感、意志、价值取向等因素。在知识的形成、获取和改造的过程中，无时无刻不充实着个体的生命体验。因此，知识不仅是人类认识和改造世界的客观结果，也是生命精神能量的凝汇。人的生命精神力量已经融入了知识的方方面面。对于学校教学而言，应当重视和开发知识所蕴含的这种精神能量，使学生能够"超越"时空的限制，与历史对话，与他人的精神世界相通。这样，教学便有可能真正推动学生精神生命成长，也正是在这种意义上，知识具有丰富学生精神生命的价值。

通过以上论述可知，学生学习知识的最终目的并不仅仅是获得大量、种类繁多的知识，而是通过不同学科知识的学习，形成多样化的学科素养，使个人生命实践和生命精神得到不断的丰富。以数学学科为例。学校数学对于学生的发展价值，除了提供数学知识本身以外，至少还可以提供给学生特有的运算符号和逻辑系统，使学生具有数学的话语系统，提供给学生认识事物数量、数形关系及转换的不同路径和独特视角，使学生具有数学的眼光，提供给学生发现事物数量、数形关系及其转换的方法和思维策略，使学生具有数学的头脑，提供给学生一种唯有在数学学科学习中才能经历和体验并建立起来的独特的思维方式。由此可以看出，课堂教学改革并不是抛弃知识，知识对学生的发展并非毫无意义。关键在于如何看待知识及知识对学生有怎样的价值。如果教师把知识仅仅限定在静态的、结论式的状态，将个体经验形态和过程形态的知识排除在视野之外，那么教学就只能按照已有知识的逻辑进行，这样学生既不可能真正将知识内化为生命经历的一部分，也不可能很好地适应当代社会对人提出的面向未来的要求。正是基于这种思考，教学才要关注知识对人生命成长的价值，以"育人资源"的价值观来看待知识。知识不仅是一种显性的存在，也是一种隐性的、过程性的存在。学生对知识的个性化理解、学生在问题解决过程中获得的过程形态的知识，都应该成为资源开发的对象。这样，学生不仅可以从自己的生命实践过程中汲取成长的养料，还可以使他人的经验成为个人发展的资源。这种动态的、实践的、开放的知识观是实现知识育人功能的根本途径所在。

三、文本

（一）文本的作用

文本是指静态的书本知识，或者知识的物化形态——教科书、文本材料等，传统教材文本以学科的编写逻辑向学生展示人类认识世界的成果。教材出版机构依据课程标准、教学大纲编写教科书，教师依照教材备课，编写教案，然后依据教案实施课堂教学，这一流程构成了当前中小学课堂教学的基本图景。作为教学内容的主要依据和来源，教材的作用不言而喻。从传统教材内容的选择来看，各科教科书的编写主要还是以学科逻辑为基准。其主要目的是让学生掌握该学科的基本知识和技能，为进一步学习或未来的专业发展打下基础。然而，传统教材的内容选择往往忽视学生发展需要，割裂与学生的生活世界的联系，使得本来备受"符号化知识"影响的课堂教学更加远离现实生活，缺乏与学生成长的内在联系，无法满足学生成长的需要，结果造成课堂教学中文本育人资源的贫乏现象。

教育实践方式使得"获取知识就是能以语言符号将所学习的内容表达出来，甚至还谈不上形成对客观世界的认识。即使强调理性在获取知识过程中的作用，或者以理智能力作为教育的培养目标，在实践中也主要不是使学生学会以某种方式来认识世界，而是通过作业的机械操练和重复而熟练复述所学知识内容、能熟练做各种类型的题目。"从这个意义上，我们对教学资源的认识就不能停留在文本本身的内容上，而应当超越文本，发掘文本背后的育人资源。

教师应该增强"使用"教材的意识，而不是机械地去"教"教材，同时，学会用关系的视角和思维方式分析教材。当我们透过文本，以开放的、创造性的眼光来对待教材时，我们可以发现文本背后隐藏着丰富的育人内容。首先，我们可以对文本进行结构加工，使教学内容结构化。一方面，有利于学生形成完整的知识结构；另一方面，也有利于学生思维的结构化发展。其次，通过文本内容的生命激活，使书本知识与社会现实生活、学生的个人经验和生命实践相沟通。这样，学生周围的世界，他们的已有生活经验和知识经验，前人发明创造知识的过程，以及文本背后隐藏的人文、历史资料，等等，都可以成为学生成长的资源。换言之，文本知识获得了鲜活的生命态。

所谓"教材"，是指它本身只是教学时教师使用的"材料"，并不等于教学内容。"教材"并不是教学的目的，而是教学的"手段"，学科、书本知识在课堂教学中是"育人"的资源与手段，服务于"育人"这一根本目的。"教书"与"育人"不是两件事，是一件事的不同方面。

（二）学科教学育人资源开发和利用的策略

1. 文本内容的结构加工

（1）文本内容结构加工的必要性

心理学研究表明，要使学生获得更高的迁移能力，最有效的途径就是将"结构"展现给学生。也就是说，相对于知识点，对知识结构的掌握更有利于学生迁移能力的提高。因此，从教材方面来看，要让学生掌握学习的主动权，更为高效地学习，最有效的方法是向学生提供有利于其掌握和运用知识结构的教材内容。

从另一个角度来说，如果学生认识和掌握了知识之间的内在结构，便可以借助结构的支撑来更好地领悟知识与外界、现实生活之间的联系。这样学生便有可能超越原来的学习情景，创造性地解决各种相关的问题，并且在学结构、用结构的过程中使思维不断得到提升。这就是为什么"新基础教育"特别关注人的认知结构与书本的知识结构之间的关系研究，强调根据人的知识理解和储存结构的特点来思考知识学习的结构安排的原因所在。因此，开发文本的育人资源的一个很重要的策略就是对教材内容进行结构加工，使原本点状、按学科逻辑编辑的教材内容转换为不同结构的育人资源。

（2）文本内容结构加工的原则

课堂教学对知识结构的关注，已不是新鲜的事情。但是，人们对"何谓知识结构"却有着不同的理解。有些教师认为，知识结构就是教科书展现的知识学习的前后顺序；有些教师认为，知识结构就是知识的学习、理解和运用三个阶段之间的联系；也有人将知识点从易到难、从简单到复杂的排列关系当作知识结构。应该说，以上这些对于知识结构的看法反映的只是知识之间的外在联系，只能算是表面的理解。课堂教学要对文本进行结构加工，开发文本背后的育人资源，很重要的一点就是要关注知识之间的内在联系，树立整体结构意识。按照学科知识的内在逻辑，以结构为单元对文本内容进行重组，并且将结构逐步升级、复杂化，形成不同层次、不同学科的结构群。通过这种加工，文本材料便得以升华，成为更加有效的教学资源。经过多年的实践研究，"新基础教育"形成了多种有效的文本结构加工方式。

第一，以"块状重组"的方式对文本进行结构加工。"块状重组"的结构加工是把教科书中以横向的"点"为单位的符号系统，按其内在的类特征组成一个整体，使学生先整体感悟认识，再局部把握知识。通常，同类事物往往暗含了相同的思维方式。将具有某种类特征的教学内容以块状的方式结构化，可以为学生提供感悟知识共通性的机会，既有利于学生把握知识的整体性，也有利于促进学生思维的类化发展。一般来讲，教师要先给学生提供感悟知识全貌的机会，然后在整体感悟的基础上，将内容不断细化，区分不同。比如在语文教学中，教师可以根据文体或主题，对教材文本进行"块状重组"，将相同题材的课文并为一个单元，让学生感悟其中共通的写作方式。这样，有了这些资源的支撑，语文教学就有可能不再是由"一篇篇课文"孤立组成，而是变得更加有机化和整体化。

第二，以"条状重组"方式对文本进行结构加工。"条状重组"的结构加工是指"把教科书中以纵向的'点'为单位的符号系统，按其内在的逻辑组成由简单到复杂的结构链，使学生主动地把握贯穿单元教学前后的知识结构"。

如果说"块状重组"是基于横向的视角，凸显知识之间的共通思维方式，那么"条状重组"的结构加工方式则是基于纵向的视角，沟通文本知识的前后联系，并使之成为课堂教学的资源，促进学生思维品质的提升。对教学内容进行条状重组，实质上是打破教科书对教学内容进行的机械分割，以学科知识的内在逻辑为依据，以不同的教学时段为单元，对教材文本进行灵活组合。这种加工方式更加强调知识间的纵向关联性。具体来说，教师既可以对某一单元内的文本进行重组，也可以进行跨单元重组，甚至可以根据教学的需要，进行跨年级重组。通过这种纵向的加工，知识间的前后联系更加清晰，将隐藏在文本背后的"线索"呈现在学生面前。这样不仅有利于学生把握完整的知识结构，而且也为在教学中激发并利用学生的已有知识经验创造了条件。因此，"条状重组"的加工方式既为课堂教学带来了知识本身的结构性资源，也为教学中学生资源的催生和利用提供了铺垫。

第三，以"条块融通"方式对文本进行结构加工。以"条块融通"方式对教材文本进行结构加工，目的是打破块状知识与条状知识之间的界限，在文本内容的纵横交叉当中，进一步提升知识的有机性和整体性，从而为教学资源的开发提供更为广阔的平台。

通过对教学内容进行"块状重组"和"条状重组"，原本呈点状方式编排的知识具备了"结构块"和"结构链"的形态。然而，如果我们不进一步沟通"条"与"块"之间的关系，那么还是处在一种"割裂"的思维状态。知识被人为地分裂为若干"块状结构"和"条状结构"。这不符合学科本身的属性，不利于教学资源完全意义上的开发和利用。因此，我们需要将视野扩展到不同阶段的教学过程之中，在整个教学长程视野下策划、体现结构块与结构链之间的交叉关系。唯有如此，课堂教学才可能在打破传统的单一、割裂、静态格局的基础上，释放资源生成的空间。

2. 文本内容的生命激活

（1）文本内容生命激活的必要性

一切的教材都是种族的经验。何谓种族的经验，就是人类的祖先在生活经验之中发现出来的满足实际需要的方法。人类的祖先，感觉到一种需要，或想要适应一种生活的环境，因此寻求最适宜的方法来满足他们的需要，来适应他们的生活。无意或有意地，他们发现了一种方法，他们自然心里很得意，他们已经通过经验获得了一种有价值的思想、情感或动作。他们如遇到相同或相似的生活环境，就继续用这个有价值的思想、情感或动作去应付。这就是他们获得的最宝贵的经验。他们不但常常用这有价值的思想、情感或动作，来应付其生活环境，并且要把这宝贵的经验，传递给后人，使后人对环境适应。一切教材的发生，都是如此。

教材本身是不应该与经验脱离的，教材的初衷就是让学生获得经验的增长。然而，现实中，我们常常看到教材失去"原生态"的现象，学生面对的是符号化的知识。由于生命性的被剥离、被过滤，传统课程中的知识愈发"居庙堂之高"，非知识愈发"处江湖之远"，学校课堂越来越成为"有书无人""有知识无生命"的文本"复制"场所。教学内容与人类生活的现实是相隔离的，学生已有的生活经验和知识经验、过程形态的知识及前人发明创造知识的过程等内容都被排除在教学的视野之外。教学变成了教师传授外在的、符号化的知识的过程，无法与学生的生命实践相结合，学生在这种"学习活动"中很少能体会到经验的改善和自身的成长。而对教材文本内容进行生命激活，则有利于唤起学生内在的学习需要、信心，并可以提升学生主动探求的意识和能力。同时，也使得教师得以拓展备课的领域，将学生的潜在状态、个体经验及发展需要等因素纳入考察的范围。因此，文本内容的生命激活是教师个性化和创造性地占有教材的关键，关乎教师能否实现由"教"教材到"用"教材的转变。因此，教学要想真正成为学生成长的载体，推动个体生命实践的发展，文本内容的生命激活便显得尤为重要。

（2）文本内容生命激活的原则

对教材知识进行生命激活的原则，是指通过实现书本知识与人类生活世界的沟通，与学生经验世界、成长需要的沟通，与发现、发展知识的人和历史的沟通，将结构化后的以符号为主要载体的书本知识重新激活，使知识呈现出生命态。

具体来讲，通过生命激活来开发文本中的育人资源就是要在解读学生的真实状态和发展需要的基础上，突破教科书的限制和学科界限，吸纳相关的社会、历史内容作为课堂教学的资源，从而使教学内容在时间和空间上得到拓展和丰富，实现与人类精神文化的统一。一般来说，我们可以通过以下方式对教学文本进行生命激活。

第一，实现文本内容与社会现实生活的沟通。众所周知，知识来源于人类生活，是人类生活经验的抽象。因此，学生在教科书中看到的知识已不是原始形态的人类经验。"学习一项事物可以有几种不同的方法，最好的方法，是完全按照将来要用的形式去学习。"为了防止经验的丰富复杂性和动态过程被还原为简单的抽象，我们需要进行知识与社会现实生活的联系。这样，知识才不会仅仅作为一堆抽象的符号进入学生的视野。具体来讲，不同学科有不同的沟通含义和沟通途径。以数学学科为例，数学中的一些规律、性质、概念虽然源于人类生活世界中的相应现象及其性质，但二者并不等同，即使是最简单的数字，也是抽象的产物。因此，在沟通数学书本知识与人类生活世界联系时，要处理好生活世界的具体、丰富、随意与书本知识的抽象、严谨之间的关系，防止数学内涵的流失。

第二，实现文本内容与学生个人经验的沟通。早在20世纪，杜威就指出教学应该从学生经验出发。从宏观角度看，教育是一个社会已有文化与个体成长转化的过程。这种转化并不是简单的"装填"过程，而是要提供能够与学生经验世界相沟通的知识，才具有促进学生成长的意义。从微观角度看，学习的类化原则表明，无论教师说一句话或写一个字，学生都用其心里所联想到的旧经验，来解释其意义。同是一句话或一个字，各人因联想到的旧经验不同，其所发生的意义也很不一致。如果学生没有适当的旧经验来解释新的教材——换言之，如果学生缺乏类化的基础——教师须先提供所需的实在经验，然后再教新的教材。凡是新的学习，须建筑在学生旧经验的上面。学生的个人经验应该成为教学关注的对象。

通过进行书本知识与学生经验世界的联系来开发文本中的育人资源，就是要在强调学科系统知识在教学中的独特地位和育人价值的前提下，挖掘学生已有经验，包括生活经验和知识经验等对于学生成长的价值，促进学生的个人经验与书本知识的对接，从而增强教学内容的生命性，超越学生已有经验的局限性，通过教学不断丰富、发展和提升学生的个人经验。通过书本知识与学生经验世界的沟通，课堂教学便在书本—学生—现实生活三者之间架起了桥梁，学生的学习便成为一种"有意义的学习"，在很大程度上可以有效防止教学脱离学生、脱离社会。

不仅如此，由于有了对学生的关注，课堂教学得以向学生的生活经验和知识经验敞开。因此，实现书本知识与学生个人经验的沟通不仅可以使文本内容获得"生命态"，同时也为下一步在教学中开发利用各种学生资源提供了铺垫。

第三，实现文本内容与学生生命实践的沟通。课堂教学是学生学校生活的最基本构成，是学生生命实践的重要组成部分。课堂教学的质量直接影响学生当前和今后的发展成长及他们生命价值的实现。因此，作为教学的基本要素之一，教学内容不应该拘泥于"传递知识"的狭窄范围，而是要指向学生完整的生命成长。一般来说，我们可以从以下两个方面来实现文本内容与学生生命实践的沟通。

首先，还原知识的创生和发展过程。使前人的发现经历、体验和智慧等隐性内容得到再现，成为促进学生生命实践发展的资源。比如，在数学教学中，教师可以通过各种途径，让学生经历数学知识的再创造过程，使学生有机会感悟前人发现、创造知识的方法和思维策略。通常来说，教师可以先借助现实生活中的材料，或者借助类比，提出问题。如"在 400 米赛跑中，为什么运动员不在同一起跑线上""加法中有结合律，乘法中有没有"，以此来提出相应的探究课题，然后引导学生根据生活经验、已有相关知识进行发现和猜想，接着对猜想进行验证，最后得出用数学语言表达的结论或认识。由此，学生可以在"较短"的时间内经历"漫长"的数学知识的形成过程，其数学涵养也因此不断得到提高。在这样一个过程中，对书本上的各种性质、规律、公式、定理的掌握，已不是教学的唯一目的。更重要的是，这些内容已经成为教学的载体，在"重新生成"的过程中，为学生生命实践发展提供丰富的育人资源。

其次，开发知识隐含的其他教育资源。对知识的形成过程进行还原，可以让学生在知识的再创造过程中感受人类智慧的发展轨迹，加深对具体知识的理解。除此以外，我们还可以开发知识所隐含的人文、历史等其他教育资源，使得教学内容有可能与学生的整体生命成长相统一。

以语文教学为例。语文学科可充分利用教材中的名著资源，来丰富和升华学生的精神世界。比如在进行古诗教学，教师可以引导学生了解作者的生平、个性、时代背景等，将名篇名著与作者的生活经历结合起来，使学生能够真切感受到名著的艺术魅力，获得精神陶冶。

不仅如此，按照美国教育家克伯屈的观点，人的学习是一种同时学习，即学生在同一时间所学的事物不止一项。学生同时学习到的事物分为三类：一是主学习，即直接寻求的教学结果；二是副学习，是指与功课有关的思想或概念，如在甲午中日战争一课上，同时联想到"九一八"事变；三是附学习，即学习时养成的理想态度，如实验课学到科学精神。在教甲午中日战争一课时，在一般教师看来，要学生学习的事物只有甲午中日战争的史实而已。因此教师也仅仅希望学生学习到甲午中日战争的史实，而不再注意其他的事项。但事实上，学生同时学习到的事物，除了甲午中日战争的史实之外，还有种种态度和习惯，例如对历史功课的态度、对教师的态度、注意力差的习惯、懒惰等。因此，教师应该关注教学文本与学生生命成长的每个方面的相关性，关注各种资源的开发。唯有如此，文本内容与学生生命实践的沟通才不会落空。

四、教学设计

学科教学中不能只关注文本资源的开发，还要关注教学中学生资源的开发。因为课堂教学的基本要素是由文本内容、学生与教师共同组成的，因此学生资源的开发利用也是课堂教学中的重要任务。课堂教学中学生资源的开发利用可以从两方面进行：一是教学设计中学生资源的开发利用，二是教学过程中学生资源的开发利用。

（一）教学设计中学生资源的开发利用

教学设计是课堂教学展开的蓝图，教学设计是否关注学生的前在状态和潜在状态，以及是否开放、有无弹性，这些因素直接影响着课堂教学过程中学生资源的生成状况。一个好的教学设计是以对学生真实状态的分析为起点、以开放弹性为特征的。因此，在教学设计中开发学生资源，首先，要关注学生的前在状态，开发学生的经验性资源和差异性资源，使教学设计立足于现实的基础，并延伸到学生的未来。其次，要关注开放弹性的教学设计，为过程中学生资源的生成提供空间和可能，使教学过程有可能在互动生成中收获更多、更丰富的学生资源。

所谓关注学生的前在状态，主要指了解学生在学习新知识前已有的个人经验、学习新知识的需求和学生群体之间的差异，分析学生在旧知识学习中掌握的方法结构可以为新知识学习提供怎样的支撑。

如果教育目标代表教学过程的终点，那么，学生的自然的兴趣和现时的经验与能力，可以说代表教学过程的起始点，必须要加以考虑。"新基础教育"认为，在课堂教学设计中应充分考虑学生的发展状态，并从学生的前在状态与潜在状态两个方面把握。教学设计如果不能从学生的实际状态出发，那么学生就很难在原有的基础上获得发展；教学如果忽略学生的潜在发展可能，那么，学生就很难有多种潜力的开展和真实的提升。从这个意义上说，对学生状态的把握，既是课堂教学的现实起点，也是设定了课堂教学的可能起点。不仅如此，学生的已有经验及差异等前在状态也可以成为教学资源。也就是说，通过对学生状态的分析，教师不仅要对学生的相关知识、学习能力及思维水平有较清晰的认识，以便预测学生在掌握新内容时可能会遇到的困难，哪些内容是容易的，哪些是有挑战性的，从而为教学目标的设定做好准备，而且还要有将这些前在状态视为资源的意识，在教学中充分予以开发利用。简言之，学生的已有经验和差异等前在状态不仅是教学设计的起点，为教学目标的设计提供依据，同时也是教学中可以利用的资源，为教学目标的实现服务。具体来说，我们可以从以下两方面来把握。

1. 开发利用学生的经验性资源

教材和学生都是课堂教学中的基质性要素，关于教材和学生经验与学生成长的关系，教育界一直存在争论，表现为以认识论为基础的传统教学观与以杜威为代表的经验主义的教学观点对立。事实上，传统教学之所以受到广泛的批判，原因就在于对教材功能的认识偏差，即把教材或知识作为教学的最终目的，而忽视学生的生命精神成长。然而，当我们对教材文本进行了创造性加工，通过结构加工和生命激活等原则，教材文本也可以转变为鲜活的、生命态的育人资源。

同理，学生经验也不是毫无价值。针对传统教学的弊病，杜威提出教学应该从学生经验出发，在教学过程中将学生的经验不断扩展、深化，最终实现对知识的系统掌握。历史上，由于对学生学习间接经验的忽视，经验主义的教学观点一直饱受非议。事实上，教材文本与学生经验并非一定处于对立状态。当我们将文本和经验同时看作学生成长的材料，而不单单将教学目标定位在学生知识的掌握或者经验的改造，文本知识和学生经验便可以获得和谐统一的共存状态，共同服务于学生生命实践的发展。对于学生经验的利用是开发课堂教学育人资源的手段之一。在教学设计时，教师应该充分了解学生已有的生活经验和知识经验，为教学过程中有效生成和利用学生的基础性资源提供可能。

在英语教学中，利用学生已有的生活经验，展开话题讨论是常见的教学手段之一。以常见的围绕"节日"主题进行的教学为例，几乎所有版本和年级段的英语教材都涉及国外节日的教学内容，主要是让学生学会有关节日的常见句式，能够围绕该话题做出较多的语言输出，并且体会异国风俗。国外的节日总归是陌生的，实践表明，学生在就"圣诞节"进行谈论或者叙述时，往往表现不佳，倾向于背诵书本上的内容，或者语言输出较少，缺乏创造性。此时，如果教师将对中国的节日的讨论引入课堂设计之中，往往能够吸引较多的学生参与并分享各自的体验，且语言灵活，内容丰富。在此基础上，教师再引导学生感悟中西风俗习惯的不同，教学效果则会更佳。

2. 开发利用学生的差异性资源

每个学生都是整体的、复杂的、具体的。由于不同学生个体的生活经历和社会文化背景各不相同，生活中对于学生个体而言有意义的事件也各不相同，每个个体所得到的发展机会也是有差异的，因而学生个体在其生命发展过程中就会呈现出独特的个性。对于相同的知识，有着不同生活经历和文化背景的学生个体就会有不同的理解。学生的这种差异性也是教学的可用资源。在"新基础教育"看来，学生个体所处环境的独特性，课堂教学活动的复杂性，影响学生个体发展因素的多样性及各因素相互之间关系的丰富性，要求我们对学生个体在其所处环境、生活经历中获得的知识和经验、态度和情感等方面进行深入的研究，把学生置于与社会时代、文化背景、生活环境及他人之间丰富、复杂和具体的关系之中来考察，在头脑中形成具体学生的形象。面对眼前具有不同情感期待和不同知识储备的具体学生，教师需要以积极的态度去承认差异、关注差异和研究差异。只有具有这样的认识和心态，教师才不会把个体之间的差异看作问题和包袱，而是把它当作教学的资源和财富去开发和利用。通过对学生差异的分析，教师对学生的不同基础、性格特征、认知方式、思维水平和特点及发展潜能等，有了比较充分的认识。这样才可能有针对性地设计教学目标，并对教学过程中可能出现的反应、学习困难及发展可能等情况做出预测和准备，从而进行有针对性和发展性的教学。

在同一班级里男女学生在学习习惯、思维特点方面常常有不同表现。女生较为好学、勤奋、踏实，有良好的学习习惯；男生思维比较活跃，课堂表现积极，常有独特的见解，等等。不同学生在接受能力、思维水平和特点等方面也有差异。应该说，教师对学生差异的解读和分析，有利于在教学设计中依据不同学生的状态设定适合具体学生水平的发展目标。同时，由于关注了不同学生的已有基础、学习习惯、思维特点等因素，教师有可能对教学的展开过程进行合理预测，并在心理上做好捕捉、判断和利用学生资源的准备，对因差异带来的不同表现做到胸有成竹。这样，差异就不再是"包袱"，而是具备了资源的价值。

（二）开放弹性的教学设计

课堂教学中学生资源的生成情况很大程度上取决于教学设计的开放性和弹性。只有开放性的教学设计才有可能使每个学生都参与到教学中来。课堂教学面对的是具有不同文化背景、不同认识水平和不同个体经验的学生，教师的问题设计如果不具有开放性，往往难以引起全班大多数学生的共鸣。这样带来的后果是，学生反应单调，缺少多样性，课堂教学便会出现资源贫乏的现象。同时，封闭的教学设计带来的另一个后果是，留给学生思考的空间过于狭小，无法帮助学生敞开思维的空间。其结果是难以生成高质量的学生资源。相反，开放的教学设计，由于重心的下放，使得每一个学生都有机会参与课堂教学，可以有效地促进学生基础性资源的生成。首先，教学设计要在广度上开放。无论是课堂的导入，还是教学互动展开的过程，教学都要面向全体学生。只有这样，不同学生解决问题的方法、状态才能够充分呈现在课堂上，成为师生互动交流的资源。其次，教学设计要在深度上开放。当教师将教学重心下放，开放的导入使得学生的基础性资源得以生成。然而，学生的这些初始反应往往是无序的、点状的，教师必须引导教学在基础性资源生成的基础上向更高的水平推进，形成学生思维互动的局面；否则，课堂只会生成一些零乱的、浅层的资源。正是在这个意义上，仅仅有开放的广度并不一定能带来有效资源的生成。更重要的是使学生的认识从错误到正确、学生的思维从混沌到清晰的转化过程在课堂中得以展现。学生的这种认识提升过程既对本人有滋养价值，也可以为课堂中其他学生所体会、利用，成为每个参与者的成长资源。因此，从资源开发的角度来看，必须关注开放的教学设计。

要开发教学中的学生资源，我们还要关注弹性的教学设计。"弹性"既是对教学目标设定的要求，也是对教案实施过程的要求。前者是指要改变教学中"一刀切"的做法，使教学能够顾及学生的差异和不同的发展需要。后者是指教学要摆脱对教案的机械执行，将各种偶然、意外纳入教学视野范围，关注教学中的不确定性。教学设计中包括多方面的弹性因素，如教学内容处理的弹性、问题的弹性、教学进度的弹性等。正是通过把弹性因素和不确定性引入到教学过程的设计，使教学设计为师生课堂教学的实践留出了主动参与、积极互动、创造生成的可能，使教学要为学生的主动健康发展服务的价值观，落实转化为教师对自己教学行为的预先策划，并为这一价值观最终渗入和体现为教学实践提供了"实战前"的"作战方案"式的支撑。由于弹性的教学设计为学生提供了更大的学习空间和主动选择的余地，学生便有可能从自己的经验出发，对问题做出个性化的反应，于是学生的个性化资源便得以充分展现。由于将弹性因素和不确定性引入教学设计，教师便有可能在心理上对课堂中出现的各种意外情况做好准备，并且以开放的心态随时加以利用。只有这样，才不会使有价值的资源白白流失。

五、学生

学生在课堂教学中的状态，包括学习兴趣、积极性、注意力、学习方法与思维方式、合作能力与质量、发表的意见与观点、提出的问题与争论乃至错误的回答等。无论是以言语还是以行为情绪的方式表达，都是教学过程中的生长性资源。当学生开始投入到教学过程中时，其经验中的与教学内容直接联系的部分可能被激活，而其他部分可能就被暂时屏蔽起来，潜藏在他的记忆之中。但是，在随后的活动中，受到老师的一个问题、一个眼神的暗示，或被同学的一句话、一个动作激发，或者被其他现象吸引，他的经验世界中的其他知识、情感或印象就可能浮现出来，影响着他在课堂上的表现，也影响整个课堂。

因此，教师不仅要关注教学设计中的资源开发，还要在教学设计的基础上，关注教学过程中学生资源的开发。教学过程中学生资源的生成和利用密不可分。没有生成，就没有利用学生资源生成的状况，包括丰富性、质量等因素，也影响资源的利用效果。一般来讲，课堂教学首先要促进不同学生资源的生成，然后在不断关注新资源生成的同时，对资源进行合理捕捉、判断、分类，使之得到充分、有效的利用。

（一）不同学生资源的生成

资源生成是资源利用的基础。关注课堂教学过程中学生资源的开发，前提是有学生资源的生成。为了使教学中生成更多、更丰富、更有效的资源，平等对话、开放导入及交互反馈便成为对课堂教学的关键要求。

1.平等对话——奠定学生资源生成的心理基础

在传统课堂中，教师和学生处于不平等的地位。很难想象在这种不平等的师生关系中，学生的主动性和创造性能得到多大程度的发挥。教师应该在课堂上营造一种平等对话的气氛，使学生感到宽松、坦然、自由、愉悦，只有在这样的氛围中，学生才可能自由地思考、探究，学习才能成为他们生命的自觉需要，成为他们生命中不可缺少的一部分，这时，课堂才会出现精彩的生成。

2.开放导入——促进学生基础性资源的生成

开放导入是指教师依据教学目标，提出以目标的实现为导向的开放性问题，激活学生的相关资源，使全体学生获得参与课堂教学的平台。其目的是形成师生之间积极、有效的课堂互动，使不同学生的基础性资源得以呈现，形成教学动态生成的局面。

在传统教学中，课堂教学经常以复习活动开始，目的是为新知识的学习做好铺垫。然而这种铺垫活动往往是封闭的，无法激发学生学习的动力。开放导入则是在教学过程中向学生提供富有真实性和挑战性的问题情境。以提问题的方式直接导入教学，目的是激发学生学习的内驱力。有了内驱力的驱使，学生在面对真实性和富有挑战性的问题时，才有可能积极主动地在自己已有的知识经验中检索与问题相关的信息，完成问题的解决。因此，以真实、富有挑战性的问题导入课堂，既避免了教学远离现实生活的问题，也关照了学生的现实状态和发展可能，从而使得学生的基础性资源能够有向生成。

开放导入为全体学生独立思考和解决问题提供了一定的时间和空间，使每一个学生有可能在自己的基础上，运用自己的已有经验、认识水平和智慧来形成解决问题的方案，这些解决方案往往是个性化的、多样的、有差异的，既可以为教师直接所用，也可以为教学过程中新资源的生成提供丰富的材料。对于基础性资源的捕捉，教师应该注意以下问题。

第一，资源捕捉要防止随机性。由于课堂教学中学生发言具有随机性，往往出现程度比较好、思维加工水平较高的学生回答在前，程度相对较差或一般的学生发言在后的现象。如果教师进行随机捕捉，其结果往往是较好的答案先于一般答案或者错误答案呈现在课堂上，这一方面，可能会导致课堂中的"替代思维"现象，另一方面，也可能会使程度较差的学生不敢发言，结果导致学生的差异性资源或者错误性资源无法呈现。

第二，教师捕捉资源要有"类"意识。由于课堂时空的限制，教师不可能将所有学生的反应纳入捕捉的范围。这就要求教师具有抽取"典型样本"的意识。一方面，教师要依据对教学内容和学生状态的解读，预测学生可能出现的各种状态、潜在的困难和障碍，使信息的捕捉有的放矢；另一方面，教师要依据学生的差异，收集不同层次学生的典型信息，使不同的思维方式和状态得以呈现，在思维的碰撞中促进学生的发展。

第三，教师要对资源进行价值判断。对于某一课堂来说，并不是所有来自学生的信息都具有教育价值。学生的有些想法或者反应有可能与当前的教学目标无关，属于干扰性资源；有些可能是个别学生的"另类想法"，容易导致学生思维脱离一般的发展轨迹，或者出现了较多同一水平和类型的解答，不具备提升学生思维的价值，等等。这就要求教师深刻理解具体学科内容的价值，依据教学目标，分析学生所反映出来的信息和状态，判断哪些信息可以作为教学互动的资源，哪些应该被舍弃。

3.交互反馈——促进教学过程中新资源的生成

课堂教学的弹性设计、教学中的平等对话及开放导入为学生资源的生成创造了条件，然而教师收获了各种各样的资源并不意味着这些资源真的具有"育人性"。教师应该思考哪些信息是有价值的，哪些信息是需要转化的。要关注教学过程中的育人资源，就不能仅仅停留在捕捉到教学实践中即时生成的生动情景、新问题或新异的思考。如果不进行合理反馈、引导、点拨，它们可能只会是一个情景、一个问题、一个错误而已，无法促使教学向纵深推进。

交互反馈是指通过教师的倾听和捕捉、点拨和组织，使师生向着有效高质量的目标"互动深化"地发展。交互反馈是伴随学生的"基础性资源生成"而出现的一个步骤，它既可以在"开放导入"过程中进行，促进更多、更丰富的基础性资源生成，也可以出现在开放导入之后，激活各种新的资源，而且可以初步筛选和提升已有资源的质量。

在这个过程中，学生可能会动态生成许多新资源，包括新的问题、新的认识、新的方案等。教师的回应反馈将直接影响课堂的进展，影响过程中新资源的生成。如果教师回应反馈无效，课堂教学就会留在原来的水平上原地打转；回应反馈有效，学生就会生成许多新资源，教师再回应反馈……，如此循环往复，课堂教学则会在资源的不断丰富的过程中向前推进。考虑到课堂教学时间的限制及生成的资源对学生发展的意义，并不是所有信息都要予以反馈。一般来说，以下三种情况需要教师做出相应的回应反馈：第一，当个别学生资源对全班学生有价值时，要启发全班学生进行思考和体验；第二，当不同学生对知识有所体悟，并产生个性化和创造性的见解时，教师需要及时地进行疏理并加以提炼和提升；第三，当课堂中有学生出现说不清道不明或者无法准确表达的情况时，需要教师点拨。因为此时正是学生思维混沌甚至混乱的时候，学生的混沌说明他们有发展的需要，需要教师帮助学生从混沌到清晰，教师的作用正是体现在这里。

总而言之，在教学过程中，教师需要根据学生的兴趣和突然发生的、有教育意义的事件来调整教学计划。课堂教学并不是教育者完全预先设计好的，不是完全可控的，也不是学生无目的、随意的、自发的活动。它是在发展每一个人的潜在能力的教育目的指引下，在学习方案的预先设计的基础上，通过教育者对互动后各种生成信息的价值判断，不断调整活动，以促进学生更加有效的课程发展，这是一个动态的师生共同学习、共同建构世界、认识周围、认识自己的过程。它应该是一幅鲜活的、生动的画面，不断流淌着生命的活力。

（二）不同性质资源的利用

平等对话为课堂教学中学生资源的生成奠定了心理基础，开放导入为学生基础性资源的展现敞开了空间，而教学过程中师生之间的交互反馈使得课堂教学向纵深发展，新的高质量的资源得以生成。接下来，教师要做的是将这些资源进行合理辨别、分类、利用。首先，教师要学会利用不同性质的学生资源，包括学生的差异性资源和错误性资源。其次，教师还要学会对不同类型的学生资源进行合理判断和处理。

学生生成的资源可能包括正确的回答、新异的见解，也可能出现错误或认知障碍。"一般教师常缺乏忍耐性，对学生的错误十分厌烦。因此，他们常提示最完善的形式，让学生去模仿。有时学生怕犯错误而不敢发一言半语，因此失去主动的机会。这都是由于不明尝试错误原则的缘故。"

事实上，课堂教学中，学生的思考错误往往可以暴露学生的真实思维，反映出学生建构知识时的障碍。在学生的错误中也蕴涵着宝贵的教学资源。教师要对学生出现的错误进行分析与价值判断，将典型的或者能促进资源与过程生成的错误作为资源，通过思维碰撞，帮助学生找到错误的原因，使学生在错误中获得成长。然而，并不是学生所有的错误都适合作为教学关注的对象。教师要分析和思考某一错误是否具有典型意义，是否能对知识的理解起到反衬作用，以及是否能够促进教学等。

以英语教学为例。应该说，任何有英语教学经历的人都会意识到，学生错误是英语教学中非常普遍的现象，尤其是在学习的初期。这些错误既可能出现在语音、词汇和语法上，也可能出现在对篇章的理解上。一般来讲，从错误的性质来看，学生错误可以分为语言行为错误和语言能力错误，前者主要指母语学习者出现的口误、笔误等；后者主要指非母语学习者在语言学习过程中出现的错误。从错误对语义表达的影响来看，可以分为全局性错误和局部性错误，这种分类往往只具有相对的意义。前者如主宾倒置、语态错误、错用或漏用连词等；后者如不影响句意理解的时态错误等。举例如下：

The soldiers had been shooting when they are running.

士兵们在奔跑时被射杀了。

这个句子中存在两处错误，一处是"shoot"一词应该用过去分词"shot"；第二处为"are"应该用"were"。从语义理解上来看，前一个错误易导致对整句意思的误解（他们在奔跑时，士兵在开枪），而后者却一般不会由于时态错误而造成误解，因此教育价值不大。那么，从教学资源捕捉的角度来看，教师应该关注哪一处错误呢？显然，第一处错误更重要，因为它影响了语义的传达，属于需要纠正的范围。而在一个看重语言输出的课堂里，如果教师将精力放在第二处错误上，很可能会因此影响甚至中断学生的语言表达。由此可见，在课堂实践中，教师既不能对错误"视而不见"，也不能简单地"有错必纠"，而是要依据教学目标、学生的状态及教学内容的特点对学生的错误进行分析判断，选择哪些错误具有教育意义，需要引起全班同学的注意，哪些可以忽略或者单独纠正。

（三）不同类型资源的处理

无论是学生的基础性资源，还是教学互动过程中不断生成的新资源，都可以依据不同的标准对其进行分类。比如，有些是正确资源，有些是错误资源，有些是思维加工水平低的资源，有些是有序、结构化、抽象化思维的资源。除此之外，出于教学的便利，我们可以依据在某一阶段教学中资源对促进学生发展的意义，将资源分为有效资源、无效资源和中性资源。

1.有效资源的利用

一般来说，有效资源是指那些与对知识的认识密切相关、能够启迪学生思维、推动课堂教学互动生成的资源，这些资源应该成为教师关注、开发和利用的对象。然而，并不是所有的资源都对学生的发展具有相同的教育意义。来自学生的信息往往具有不同的性质。以学生的错误性资源为例，有些属于一般性错误，有些则与学生理解知识的关系更为密切，能够反映学生的思维障碍和困难，因此相对错误性资源而言更具有教育价值，属于有效资源。

2.无效资源的控制

并非所有学生资源都是有效的教学资源。有些信息可能对学生知识和认识水平的发展具有极为相关的意义，比如以上讨论的差异性资源、学生做加法时所犯的"认识性错误"等。对于这类资源，教师应该充分进行开发和利用。有些资源可能与教学没有直接关系，甚至会起干扰作用，称之为无效资源。对于课堂上出现的无效资源，教师既不能置之不理，也不能放大推广，应采取个别处理的方式。需要指出的是，所谓"无效资源"，是相对的概念。这种"相对性"与年级的不同、学生状态的不同相对应。举例来说，某一资源对当前学生来说，可能属于干扰性资源，但在未来的时间里，可能会成为推动学生认识发展的契机或材料。因此，资源的有效和无效只具有相对的意义。

3.中性资源的转化

教学中还经常出现一些学生的解答，既不属于学生思维的闪光表现，也不会对学生的认识起明显的干扰作用，属于一种中性资源。对于这种资源，教师应该根据不同的情况进行处理。在课堂教学资源不丰富的情况下，教师可以对这样的资源进行转化，使之成为促进学生思维和认识发展的有效资源。

六、作业

作业是学校教育教学的一个重要环节，也是学生巩固知识、提高能力的重要途径，是教师开展教学评价和精准分析学情的重要手段。教师通过布置作业，可以巩固和检查学生的学习效果；学生通过完成作业，可以提升本领，培养良好习惯。布置作业和完成作业共同构成一次良性互动，在这一过程中可深化立德树人成效。精准布置作业有利于培养学生正确的价值取向。

课程思政视域下的作业观主要将作业作为课程的一个主要环节，从教育价值取向上来说，更加强调作业要实现多方面的功能和作用，尤其是能力、道德、实践等方面的功能；从实施方式上来说，更多强调的是根据课程目标、学生的学习情况自主设计并实施适宜的作业目标、内容与评价任务等；从作业个性化和针对性的角度来看，更加强调根据学校和学生的实际情况自主设计与灵活调整，强调学生在学习过程中的理解、综合运用与创新，强调个性化。

课程思政视域下的作业设计更加科学与灵活，强调作业的目标性、整体性、系统性和动态性，有助于培养学生密切联系生活，解决实际问题的综合能力，激发学生学习兴趣等。

更加偏向于从课程视域的角度来设计与实施作业，把作业作为达成课程的一个环节或组成部分，更倾向于扩展性与创造性的作业，即要求课外作业应有助于学生知识和技能的应用与迁移。正是基于这种观念上的不同，国外学生的作业内容、形式和国内存在巨大的差异。例如，美国教师经常设计一种真实生活的课外作业，他们认为学以致用的作业，有助于使学生觉得课堂上学习的知识是有价值的，这样有助于促进学生认真学习的动机。又如，美国作业的形式和内容比较强调小课题研究、专题作业、课外计划等充分体现实践性、创新性、合作性、交往性和综合性的内容。其中，"课外计划"是美国克林顿政府为确保学生安全并帮助他们课外学习的"21世纪社区学习中心计划"的一部分，其所要完成的任务有：课业辅导项目；参加社区服务；学习技术（网络）；职业发展——对不同的职业人进行访谈，进行实地考察和短期的工作实习，进行兴趣和技能评价，参观大学校园等。这些任务都是以活动经历为主、课业为辅。

（一）从课程思政视域的角度设计作业的基本特点

一是强调以学生为中心，注重培养学生的兴趣、能力、方法和实践能力等，作业布置强调趣味性、实践性；二是作业类型多样灵活，重视问题出现，给学生思考的余地和空间，关注学生的实际生活，不唯课本，而是把社会当作学习的大课堂；三是注重学生作业完成的过程，不注重学生完成多少，注重的是学生是否掌握完成作业的方式与作业的实用性。在完成作业的过程中，充满了探究、合作和学生的自主精神。

凯西·瓦特洛特认为，建立聚焦于学术进步的作业范式需广泛而系统的设计和实践，具有四个方面的主要特点。

一是学术目的。她认为作业必须要有清晰的学术目的。学生不愿意做作业，往往是因为感受不到作业的价值，或者是因为作业带来的烦躁感、枯燥感。例如，抄写词语的解释，阅读的时候做摘抄笔记，给地图涂颜色等，这些作业看起来似乎都很不错，但是这种类型的作业是否会帮助学生学习？显然这些都属于机械记忆类的作业，并且需要学生花费很多的时间和精力。对于需要机械记忆的知识，需要辩证对待，也不能完全否定。由于现代社会很多需要死记硬背的知识都可以随手获得，一些机械记忆类的知识令人质疑，比如让学生抄写文章、抄写词语和数学公式几十遍等。但是有些记忆类的内容还是必需的，例如记住拼写规则和一些数学规则等。所以，我们需要在作业中有选择地设计一些记忆类的作业。

　　二是能力。作业必须对学生能力提升有积极的作用。作业不仅仅是为了支持课堂教学的学习，作业更加应该帮助学生逐步建立和培养自身学习能力的意识。那些既不能给学生带来任何帮助又无法完成的作业不是好作业。在作业中的表现会影响学生对自身能力的判断。如果学生不断在作业中体验失败，会让学生感觉自己"愚蠢"，而在作业中体验到成功会带给学生"聪明"的感受。但也有专家持不同的观点，认为在作业中体验适当的挫折感，有助于激发学生更好的学习动机。在作业中应保持怎样的难度及作业完成后如何分析和诊断学生的学习情况，并且及时沟通，都有助于发挥作业对学生能力培养的功能。这两种观点都有一定的道理，关键在于把握作业难度的"度"。

　　三是归属感。作业必须与个人相关并激发学生主动学习。学生不愿意做作业的原因经常是无法感受到作业对个人的重要性，因为作业都是面对群体的，无法感受到作业与个人的关系。教师教学，教师布置作业，教师对学生做测试，学生一直扮演被动的接受者，似乎从始至终都是教师在扮演主角。卡诺研究表明，作业必须要激发学生自身的兴趣和动机。斯卡和安德曼认为，如果需要学生对自己的作业负责，那么就必须让学生知道他们学了什么，他们是如何学的，如何证明他们学得如何。学生必须有机会来进行自我评估，并反思自己的学习情况，同时为自己制定学习目标。学生更加乐意去完成一些能够表达自己观点的任务和作业，或者去解决一些他们认为很重要的问题。高质量的作业如何让学生具有归属感？瓦特洛特在2007年提出具有归属感的作业应该具有以下基本特征：①允许选择；②提供给学生展示个性化完成任务的机会；③允许学生分享他们自己的信息或者他们自己的生活；④有助于开启和激发学生对学科的情感、态度和观点；⑤允许学生实现创造性的成果或者呈现形式。

　　同时，她列举了一些有助于激发学生归属感的作业案例，例如：让学生自己设计学习乘法表的方法，并且与其他学生分享写、阅读、画图的过程；让学生创作歌曲和诗歌等；让学生用本周学习的15个词汇写一个故事，或用一篇报道来展示自己对这些词汇的理解；让学生创设一个困境，运用单元最后一些主要观点来进行困境游戏；让学生自己撰写一个说明书，并能够用来指导其他学生如何使用双梁天平；合作创造一个棋盘游戏，这个游戏要能够反映中学阶段一些典型的事件，等等。

　　四是美感。作业必须给人以赏心悦目的美感。虽然学生对于作业的反映各不相同，但她认为无法否认有一部分学生对作业设计的美感非常敏感，这甚至会影响学生对作业的兴趣和态度。作业的美感，包括所采用的纸张是柔软还是坚硬，作业的表达形式是生动有趣还是呆板沉闷，作业字体的间距是否合适，颜色、图表、配图是否活泼生动等。作业的归属感、美感，从某种角度来说都属于作业的呈现特征，这些和作业内在的质量实际上一样重要。而从国内来看，原先受凯洛夫教学论思想影响较大的作业实践，却逐渐涌现出一些学者和学校开始"长作业""素质作业"等研究与实践，似乎正逐步贴近课程视域下作业的一些特点进行思考。例如21世纪初，上海长宁区进行试验与实践的"长作业"。"长作业"是指与学生的学习和生活相联系，以学生的兴趣为中心，需要花较长时间才能完成的作业。

上述瓦特洛特聚焦学术进步的作业设计思想及国内一些"长作业""素质作业"的设计，都具有"课程即教学巩固""课程即学习活动""课程即评价任务"几大作业设计观逐步融合的趋势，而"课程思政视域下的作业设计"，是综合了各种作业设计思想的优点并努力自成体系，课程视域下的作业设计思想符合和顺应了这种作业设计的时代需求与未来发展趋势。

（二）作业设计基本理念

由于课程思政视域的作业设计观首先强调要从学生的视角出发，并且运用科学的研究范式。因此，课程视域下的作业设计应该关注四大基本理念。

1.适应并促进学生个性化学习

如果说教学主要是体现老师"教"的艺术，那么作业则主要反映了学生"学"的要求。因此，课程视域下的作业观强调作业首先应该满足不同学生的个性化学习的需要。

通过分析作业观的历史，不难发现，从赫尔巴特开始，一些教育家、心理学家和课程论专家就都开始关注心理学对作业设计和实施的作用。学生是如何学习的？影响学习的因素有哪些？不同的心理学流派会给作业设计不同的启示。比如，行为主义心理学强调如何控制学生，行为主义心理学认为，学生行为的改变是通过学校日复一日对学生给予奖励与惩罚等方式来达到的。在这种观点的指导下，学校和教师认为可以通过各种措施来控制学生，例如纪律、等级、荣誉、评价、作业等。再比如，社会心理学认为教育促进了社会分层，伯恩斯坦认为，教育传递了阶级关系，阶级文化的再生产具有关键意义的阶级意识。学校是阶级再生的机构。现代社会，由于阶级、地位、权力的差异而形成

"阶层化"。这种观念的影响，就会使作业将家庭因素带入教育过程，比如不同家庭家长文化水平的差异、经济条件的差异、居住条件的差异都会对学生的作业内容、作业环境、作业方式乃至作业效果等产生影响，这可能会导致更多的学生发展差异，家庭作业因为家庭条件的差异有可能会促进更为严重的社会分层现象。因此，关于脑科学、学习的任务、学习时间、学习动机、坚持性及学习者自身的差异等方面的研究成果，都可以作为支持作业设计的理论基础。

首先，课程思政视域下的作业设计需要建立正确的学生观。"以学生发展为本"的教育理念，并不是意味着绝对的学生自由，也不是简单的形式上的快乐。学习并不具有与生俱来的快乐属性。学习往往是与"勤奋""努力""艰辛""持之以恒"等密切相关的。教师应该更加关注学习的深层次的价值与意义，比如因为努力学习获得的成就感、价值感，教师同样应该尊重。教师对学生必要的管理、规范、指导和方法手段，比如作业的布置与要求，这也是刻苦学习的一部分，中国传统文化中"头悬梁，锥刺股"等故事都是不断激励学生要从小懂得刻苦学习，刻苦学习不仅有助于培养坚强的品质，而且有助于取得成功。学生的快乐和自由不仅是一种权利，更是一种有待发展的能力。如果片面强调作为学生的自由和快乐，那么就可能纵容他们不遵守规则、不学习或仅学习简单知识的自由，从短期来看，他们可能十分自由和快乐，但是从长期来看，他们将因为没有获得必要的知识、技能等基本素养而难以在现代社会立足，因而将更不自由，也会造成更大的不快乐。因此，学生自由的真正实现必须通过有目的、有计划的学校教育，作业是培养学生课外主动学习的一种有效手段。

其次，科学理解每个学生的个体差异。每个学生都是独特的，而且每个学生的学习风格、兴趣爱好、天赋秉性、学习动机、坚持性、承受力都不同。例如关于作业量的问题，通过统计分析证明，每个年级的学生都有最佳的作业量和作业时间，但是这是针对绝大部分学生的，是否适合每个学生则没有任何证据。再比如，美国库巧研究出的作业设计量的原则：每个年级10倍作业量原则，三年级每天做作业的时间30分钟为宜，但是可能有些学生掌握比较慢需要60分钟，有些学习能力强的学生，甚至一分钟也不需要。又如，作业的压力要适度。很多人认为，给予学生挫折，有助于激发学生更好地学习，并且避免学生骄傲。事实上，这样的观点只适合部分具有一定坚持性的学生；而对于一部分承受力较低的学生来说，则适得其反。

因此，有针对性的作业设计显得意义非凡。虽然在很多情况下，我们都会否定个人的经验，认为那是不可信的，不具有可推广性，但事实上，作业则非常强调个性的差异。每个教师面对的班级、学生、环境都截然不同，教师需要在一定理论的指导下，依赖个人的教学经验，不断反思，来提高作业设计的质量和实施的水平。因此，教师应该学会根据自己学生的情况来设计作业。

2. 基于课程目标的系统性设计

不可否认，作业设计与教学密切相关，但更加关注课程目标的达成问题。作业设计强调作业作为课程的一个环节，与教学相辅相成，共同促进课程目标的整体实现。不可否认，教学的情况和效果会对作业设计产生巨大的影响，这种影响主要表现为：一是课堂中学生掌握的情况，会影响课后作业设计的目的与内容；二是课堂教学情况会影响学生课后作业的完成质量、完成时间和完成效果。因此作业设计需要考虑教学实际效果，但是又不能仅仅作为教学内容的巩固。教学由于受到场地、时间等限制，往往对学生的综合能力、实践能力等方面培养不足。所以作业作为一种课外学习任务，应该在适当巩固教学内容的基础上，发挥课外时空的优势。作业、教学相辅相成，共同促进课程目标的实现。

作业和教学不是简单的从属关系，作业和教学应该强调发挥各自的时空优势，在学习目标、内容和实施形式上强调相辅相成，既有重复交叉，又有各自的侧重点，实现优势互补，共同保障课程目标的实现。

基于课程目标的系统设计，不仅关注有计划的目标设计，强调目标的整体性、系统性，而且强调要根据学生实际情况和个性化差异进行调整与完善。因此，课程目标是共性与个性的有机结合，并且强调随着作业的实际过程灵活调整与完善。

课程目标是作业目标设计的起点，也是作业终极价值的追求。在明确作业目标后，作业设计需要系统思考。作业的系统设计包括三个层面的系统性和结构性：一是作业内部结构自身的系统性，包括对作业目标、作业内容、作业类型、作业难度、作业时间、作业结构等一系列的问题系统思考；二是不同时间跨度的作业设计之间的关系，如课时作业、单元作业、学期作业等；三是不同学科作业之间的系统性与衔接性，包括作业相关内容之间的联系，避免相互矛盾或者学生相关知识缺失导致的作业无助感等。

3. 提高兴趣的作业类型多样化

在作业设计观的历史分析中，几乎所有的教育家、课程论专家或教学论专家都极其关注作业兴趣问题。通过中介变量分析也可以发现，作业兴趣是提高作业对于学业成绩影响的关键因素。作业设计技巧与问题的调研结果显示，作业类型的多样化不仅有助于提高学生的作业兴趣，而且有助于减轻学生的作业压力，同时与提高学生学业成绩也存在较明显的相关性。当然，作业类型多样化是适应学生差异的关键因素。

作业类型有各种划分维度。例如，从作业功能目的上，可以分为巩固型、复习型、预习型等；从作业形式上，可以分为书面作业、口头作业、动手制作类作业、社会实践类作业等；从时间维度上，可以分为长作业和短作业；从合作的角度上，可以分为独立性作业和合作性作业；从作业功能上，可以分为单一知识与技能训练为主的作业、综合能力培养为主的作业等；从作业内容上，可以分为阅读类作业、语法类作业、写作类作业等。各种类型的作业并没有绝对的优劣之分，而应该根据作业的功能和目标，选择和设计不同的作业类型。可分为知识技能类、社会实践类、创新类、趣味类，意志类等；也可分为单一性作业与综合性作业。不同的作业类型在功能上也有差异。例如，在理科教育中设计阅读类作业，让学生课后阅读一些"科学史话""科学视野"等资料，可以拓宽学生视野，让学生体会到科学的发展，感悟到科学家的精神，可以激发学生的学习动力。

4.根据作业结果的诊断与改进

教师在设计作业时，需要充分考虑教学的实际效果，同时又要把学生作业的结果作为设计新的教学任务的出发点。教师需要通过学生作业结果，诊断分析学生掌握情况，并基于此设计合理的作业目标和内容。因此，设计作业目标、内容和数量不仅与教学效果相关，而且学生完成作业的情况也影响了新的教学设计和新的作业设计。

当教师选择并确定作业目标时，首先需要思考作业目标和课堂教学目标有什么关联，作业内容应该选择什么样的内容，才能既与教学内容相关，又有助于诊断和反馈学生的学习情况，数量是否合适并能保证学生完成？这些都受到课堂教学效果的影响，而且也会对作业发挥多大的作用与多少的反馈产生影响。教师应该在布置作业时，对学生进行适当的解释和指导。教师如果能让学生感受到课后作业与课堂教学的关系，就会促进学生在课堂教学中更加积极认真，也会更加有助于发挥作业对教学的诊断和反馈功能。但是如果仅仅是课堂教学内容的简单重复，则会让学生失去新鲜感和挑战性。所以保证作业设计内容与课堂教学在一定程度相关的基础上，有适当的发展和不同，对于激发学生的作业兴趣来说，或许是有益的。

同样，教师对作业的批改、评价和反馈方式也会影响学生的学习行为及下一次的作业态度。研究表明，如果教师不给予学生作业评价与反馈，会让学生理解为作业不重要或者与课堂教学毫无关系，导致学生上课不认真听讲，或者导致学生下次做作业不认真。而瓦特洛特认为，无威胁性的作业反馈和没有等级的作业批改会对学生产生积极的促进作用；细致的反馈也比仅仅是等级和对错的简单批改有效。这与她倡导的促进学术进步的作业设计观是密切相关的。学生完成作业的时间相同，并不代表会取得相同的效果；也可能学生完成作业的时间不同，但是所取得的学业成就完全相同。因此，教师作业设计不在于量多，而在于精。

高质量的作业设计有助于教师发现学生存在的学习问题，发挥评价诊断作用，提高教师对学生个别指导的效率；而教师通过分析评价学生作业结果，改进教学行为，不断完善作业设计的方式，提高对学生指导的针对性，在这种有效的互动中，也会促进师生关系，提高学生的学习成绩和学习兴趣。

（三）课程思政视域下作业设计策略与方法

1.基于课程目标整体设计作业目标

如果说"教学"从某种角度上着重体现了教师"教"的科学与艺术，那么作业则充分体现了学生"学"的需求。作业目标主要反映作业需要实现的功能和作用，包括学科整体作业目标、单元作业目标、课时作业目标和单条作业目标等。如前所述，本研究中课程视域下的作业设计更多地强调"目标导向"，因此，首先需要关注作业目标问题，作业目标决定了作业设计的起点是否科学。

作业目标设计所依据的课程目标包括两个基本维度：第一个维度是，将作业作为课程的关键环节之一，依据已经确定的课程标准的目标与要求来确定作业目标，而不是简单地依据课堂教学目标。由于课程标准是引领学科课程的纲领性文件，代表着一门学科课程的方向与要求，所以学科课程标准既然可以成为一门学科课程目标的代表，也应该是作业设计的基点。第二个维度是，作业目标应该依据学生的学习过程和学习结果来设定，并能够适当调整。作业目标设计需要有课程研究范式的"目标导向"和"过程调控"的双重视野，即作业目标的设计不仅仅是一个简单的机械技巧，更需要体现动态性和过程性。作业目标调整的依据主要根据学生的差异性、学生作业的结果表现等。

不可否认，作业对课堂教学内容的巩固具有非常重要的价值。而且作业目标与教学目标相一致，也有助于作业内容的可理解性，避免因为作业内容的陌生，导致难度加大，从而加重学生的负担。作业与教学目标一致，也有助于潜在地促进学生在课堂上认真学习。从这个角度来看，作业目标应该强调需要巩固的教学目标，比如字词句的记忆默写、文章的记忆背诵、相关技能的训练等。这也符合艾宾浩斯遗忘曲线，符合学生学习的心理规律。

因此，课程视域下的作业设计，强调作业与教学不是一种简单的从属关系，而更应该强调其相互支持和补充的关系。作业目标需要适当考虑如何弥补课堂教学的不足，但是更要站在课程视域的视角下思考作业目标的整体性和导向性。因为并不是所有的课堂教学目标都能够实现，也并不是所有的教学都能完成课程标准所设计的目标、内容与要求。例如，要学生参加社区服务，加强各种情感体验和经历，参观各种博物馆，采访调研相关的专题等，这些活动和经历往往不是课堂教学能够实现的。因此，作业与课堂教学的一致性和互补性主要表现在以下方面。

一是与课堂教学紧密相关、有必要进一步巩固和强化的目标。这类目标在教学过程中已经被实现了，但是仍然需要强化和巩固。比如某个公式的应用或者某个句型的掌握等。

二是课堂教学中没有实现的教学目标，需要通过课后作业来进行弥补。因此，作业目标就应该描述课堂上教师觉得学生难以掌握或者没有掌握好的目标内容。这就使得作业目标具有很强的生成性和个性特征。不同的学校、班级、教师、学生群体都会有差异。教师也需要在课堂教学中对学生的掌握情况通过合适的方式进行诊断，从而保障作业目标的针对性。

三是与教学目标没有明显关系，但又是课程标准中规定的目标与要求。课外作业需要对教学中无法开展的活动进行补充，与教学共同实现课程标准。例如社会实践、外出参观考察、专题调查等。从这一点来说，作业目标可和教学目标完全不一致，而主要服从于学科课程标准的目标。

四是与课堂教学目标联系不紧密，但需每日巩固训练的目标。作业目标中可包含一些需要每天都不断巩固强化的基本技能类的课程目标，而且不局限于每一次的课堂教学目标，如抄写和默写生字词、背诵单词、阅读课外文章、养成阅读习惯等。因此，某一类型的作业目标可以在某一阶段内不断重复，逐层递进。

如果说基于课程标准、基于教学的目标与要求更多地体现了"计划性""统一性"和"整体性"，那么依据教学实际掌握情况和学生学习情况进行设计，则更多地体现了"过程性""灵活性"和"差异性"。因此，课程视域下的作业目标基于的"课程目标"是共性要求与个性要求的统一、确定性与灵活性的统一、过程性与结果性的统一。

总之，作业目标的设计需要注意以下一些基本问题：一是注意作业目标的传递性原则。作业目标与课程标准的内容要求、教学目标之间应有较高的相关度。课时作业目标应考虑与单元作业目标之间的一致性。每条作业的目标要与整体的作业目标具有内在的一致性。二是作业目标的层次性。作业目标的确立应满足不同层次学生的学习需求，注重基础性，体现一定的选择性。三是作业目标的诊断性和可检测性。作业目标应具有可检测性，有助于了解并诊断学生整体的学习现状与共性问题，同时对教师的教学进行及时反馈。四是作业目标的全面与重点的关系。作业目标要能体现知识与技能、过程与方法、情感态度与价值观三个目标维度，尤其是过程与方法这一维度，应注重学习策略的指导。五是作业目标描述具体与概括的把握问题。虽然没有相应的研究证据支撑这样的观点，但是经验直觉让我们总觉得作业目标越清晰，作业设计质量就越高。当然，是否一定要把每次作业目标都描述得很复杂，这也是需要视情况而定的。实践中具体细致的作业目标和概括性的作业目标都存在，关键在于要适合相应的教师水平。

2. 作业内容与作业目标保持一致性

作业内容依据作业目标进行设计，不仅有助于解决作业设计现状中两者相互脱离的问题，而且也符合课程视域下作业设计的基本理念之一，即作业设计要有助于课程目标的实现，这不仅体现了作业设计的计划性和目的性，而且也符合课程视域下作业设计的科学研究范式。作业目标的确立包括两个方面：一是思考目标，二是书写目标。作业目标并不一定是在所有作业设计开始之前必须要非常明确和清晰的，也不一定能够清楚地书写出来。作业目标可以在对作业内容深入把握和了解后，或者在作业设计过程中更加清晰，所以作业目标的书写可以在作业设计之中完成，也可以在作业设计结束后完成。

一般来说，作业内容与作业目标的对应并不是简单的一一对应关系，有些作业内容可能会达成多个作业目标，极少的作业只能实现单一的目标；也有些作业内容部分与作业目标相一致，部分与作业目标不吻合。如何针对一些高水平的作业目标设计作业内容，应该成为各个学科作业设计关注的重点和难点。这也和目前作业设计过度关注知识技能巩固、强调书面作业等观念有关。课程视域下的作业设计更为关注课堂教学中不能够实现的实践能力、高阶思维、综合运用能力等的培养，因此在作业内容的设计上也会更加关注实践类、合作类的作业，这有助于课程目标的整体实现。

3. 作业各关键要素具有内在结构性

作业研究所涉及的因素中有些是针对作业整体观念的，如作业功能等；有些是针对作业设计方面的，如作业目标、作业量、作业水平、作业难度、作业时间、作业内容、作业类型、作业来源、作业题型、作业分层等；有些是针对作业实施方面的，如作业布置、作业批改、作业辅导、作业讲评、作业统计、作业完成环境、家长参与方式等；有些是作业管理方面的，如作业信息化、作业政策、作业检查、教师作业专业发展相关措施等；有些则是作业效果层面的，如作业兴趣、作业负担、作业效能等。

无论是在中学阶段还是小学阶段，对作业实施效果影响最为明显的作业设计要素主要包括以下六方面。

一是作业必要性。作业必要性实际上反映的是作业对于不同学生的针对性和适切性问题，也从另外一个角度反映了作业是否为不同学业水平学生提供了选择。研究结果表明，学习成绩靠后的学生认为，有些作业没有必要，持此观点的学生比例较高，主要是因为作业没有为他们进行分层设计，也没有可供他们选择的作业。同样，对于学业成绩靠前的学生，对于一些简单重复的作业也会因为枯燥乏味、毫无成就感降低兴趣。可见，提高作业的针对性和选择性，有助于增加学生对作业必要性的认可度。

二是与学习内容的联系程度。与学习内容的联系程度本质上反映的是作业内容不能离学生学习的内容太远，而应该和学生学习的内容紧密关联，这一要素对提高学习成绩和激发作业兴趣均产生了较为明显的影响。当学生感觉到作业题与学习内容联系紧密时，就会感觉更有意义，从而投入更多精力去完成。基于此，作业设计现状问题中，不少学科的作业内容偏离学生实际，小学六年级就开始训练中考题型的作业内容，无疑让学生不仅觉得难度极高，而且会觉得距离很远，往往效果适得其反。

三是作业的可理解性。作业的可理解性背后实际反映的是作业的科学性、难度问题，作业的可理解性对于提高学习成绩和激发作业兴趣都产生了较为明显的影响。在设计作业时，要尽量使用学生易懂的语言，并且要求指向明确，以确保学生能够理解题意与要求，避免给学生制造额外的障碍。作业的可理解性还和作业所使用的语言是否贴近学生的认知特点有紧密关系。

四是作业类型。作业类型不仅会影响学生对作业的负担感，而且也会左右作业对学生学业成绩的影响。因此丰富作业类型，不仅有助于提高学生的作业兴趣，而且对学生的能力发展也很有帮助。此外，作业类型的丰富，可以减少作业完成过程中的乏味感，从而减轻学生的负担。就现状而言，作业类型过于单一，对学习效果造成了不良影响。从学生问卷"你对作业还有哪些建议"这一开放性题目可以发现，有相当比例的学生期望减少抄写等机械训练，增加其他类型的更有挑战性的作业。所以，初步可以推断的是，相比难度较低的机械枯燥的作业，学生可能对具有适当挑战性的作业更加能够接受一些，也会更加容易在完成作业的过程中体会到成就感。但是作业类型有多种分类方式，究竟采用何种作业类型、如何组合各种作业类型，则需要根据各学科特点来确定。

五是作业难度。作业难度主要影响学生的作业负担，对作业兴趣也有一定影响。作业文本分析结果表明，作业难度分布整体较为合理，但初中阶段存在中考题下放的现象，显得难题特难，这会增加所有学生，尤其是学习成绩靠后的学生的作业负担。目前作业难度存在过易和过难两种极端。过易的作业设计会让学生觉得枯燥乏味，而过难的作业设计会让学生在不断经受挫折后，失去对作业的兴趣，甚至产生恐惧。因此，如何根据学生的差异性，设计符合学生认知情况的作业难度，就成为作业设计中的关键问题之一。对于作业难度控制而言，关键是在新授课阶段适当减少综合性作业题设置，同时要对各类考卷代替作业的现象进行反思与改进。

六是作业量。作业量可以通过完成作业所需时间来反映，主要影响学生的作业负担，对作业兴趣也有一定影响。

另外，教师在作业设计和布置中，不能一味地用自己预设的作业内容来填充学生全部的课外作业时间，而应该有意识地引导学生自主地安排作业时间，引导学生根据自己的学习特点，补充适合自己的课外学习任务，从而间接地达到提高作业针对性和选择性的目的；更加重要的是，在这个过程中，学生还学会了学习的方法，学会了自我反思，学会了管理学习时间。因此，在作业时间设计中，给予有一定学习能力的学生更多自主作业的机会，对于提高作业的效果是大有好处的。这也是满足学生差异性、个性的重要手段之一，符合作业思政思想中对学生差异性的关注。

4. 作业内容要求需体现纵横衔接性

如果作业各关键要素的内在结构性主要反映的是作业各个维度内在的自洽性，那么作业内容要求的纵向整体性则主要是从时间维度来纵向反映作业的系统性、发展性问题。泛也是课程视域的典型特征之一，即作业设计需要具有整体性、系统性。当然，作业的横向联系还包括不同学科之间的关联，涉及内容之间的关联。

作业的纵向整体性可以从两个角度来思考：一是强调时间维度上的作业整体设计，比如一个学期或者一周作业的整体设计；二是强调某个学段或者某个年级作业的整体设计，例如单元作业整体设计。这两种思路都是从时间维度思考，但是有细微的差异。不管哪种，其实都是强调教师的作业设计，要像学科课程专家一样系统思考前后作业之间的关系，而不是孤立、片段地设计每一天的作业，可以尝试一周作业整体设计与单元作业设计。

5. 依据作业结果反思并完善作业设计

作业设计，不仅强调目标导向、整体设计，而且强调反馈调节，按需要根据评价结果来反馈调节课程目标本身。作业设计也应该根据学生实际的作业结果，发现学生学习中存在的问题，从而针对不同的学生，开展有一定针对性的教学，改进和完善作业设计。因此，同样强调"作业目标—作业内容—作业实施—结果反馈"的自我循环与完善，而不是一种单向的线性关系。

作业设计，强调基于作业设计的目标对学生作业结果的及时统计与分析，以及基于统计分析结果的反思与改进。这也有利于解决当前作业设计中目标意识不强、作业效果不佳等多种问题。课程视域下的作业设计，还强调通过教学、作业、个别化的学习指导等多种方式的系统改进，共同发挥作业的价值。因此，认真分析和统计学生的作业结果，从学生作业结果中反思和改进作业设计自身及教学，是课程视域下作业设计的关键要求之一。

教师设计作业时，要注重作业设计的坡度，要关注班级中不同层次的学生，适当给予学生学习的"阶梯"。阶梯不是降低难度，而是展现思考、阅读、表达的方法，让学生在层层递进的梯度作业中"步步为营"，从而实现在提升作业正确率的同时，也提升学习能力。

6. 差异性作业设计

差异性作业设计包括对学生学习能力、认知风格、性别差异等各方面的综合思考。差异性作业设计建议教师根据学生不同需求，对学习优异的学生可以适当拓展学习内容与要求，对学习有困难的学生则应该布置他们能够完成的作业任务，也可以把同一内容要求的作业允许不同认知的学生用不同的形式表现出来等，这样有助于这些学生能够获得坚持学习的自信。作业设计必须考虑到每名学生的不同学习基础、兴趣、学习风格、能力、动机和坚韧性等各方面的差异。作业无法根据个体差异进行布置也是对现行作业批判最多的问题之一。

为了适合不同学习者的需要，作业如何具有差异？教师可以通过下述三种方式中的一种来实现：一是作业的难度或者作业数量不同；二是给学生提供的结构性材料或者脚手架的数量不同；三是通过不同类型等来适应学生学习风格或兴趣的不同。

教师的作业观念、教师作业设计的专业能力对于作业设计质量影响明显。教师专业发展对作业设计能力的正向影响作用要高于教师作业观念对作业设计能力的正向影响。可见，提高作业设计质量，首先需要提高教师的作业设计能力。而提高教师作业设计能力，不仅需要提升教师的作业观念，更需要有效的操作路径来培训教师，否则很难对教学设计产生实质性影响。关于培训教师的的操作路径，备课组的研讨、教师对作业的自我反思，最能够有助于调动教师不断进行自我反思，提升作业设计质量。

教师通过运用一系列的分析、反思工具，清晰地展现了设计作业背后的思考，有助于他人弄清楚为什么这么设计、怎么设计、设计得如何等问题，从而真正促进自身作业设计能力的提高，提升作业设计质量，提高作业实施效果，最终促进学生成长。

总之，课程育人的所有形式都要在教育活动中体现，而所有的教学活动都离不开教学的三个基础性要素：学生、教师、教学内容。学科教学的价值是教学活动的出发点和目的，教师具备什么样的教学价值观往往决定了他的教学观、学生观及对教学内容、学生、教师三者关系的理解和处理方式。

教师是开展教学的责任人，直接面对的是具体学生，所以教师的行为、目标、指向、效果、任务都与课程专家的指向不尽相同。因此，教师进行教学不能只是按照课程专家制定的课程标准、教科书要求去行动，还要研究学生，研究课堂中师生的活动，而这一切都是课程专家无法替代的，也是教师职业具有创造性的魅力所在。这意味着教师在进行教学设计时，首先需要解读教材，不能为教材所局限，要学会创造性地运用教材，对教材进行合理加工、重组，完成由课程专家制定的教材向教师内化加工的"用材"创造性的转换。

案例来源

多元作业，探索学校减负提质新路径

面对新形势，应对新需求，为全面贯彻党的教育方针，促进学生全面发展，落实立德树人根本任务，学校进一步规范办学行为，完善教育教学制度改革创新，在落实作业管理、实现"五育并举"等方面形成了具有特色的实施方案。

一、加强顶层设计，形成"三位一体"作业管理网络

减负提质，核心是减轻学生过重的课业负担，提高全面育人质量。《辽宁省义务教育阶段学生作业管理"十要求"》文件出台后，我校高度重视，领导班子第一时间按照文件要求做出安排部署，分别召开班主任和科任教师专题工作会议，传达文件精神，旨在将文件精神落到实处，切实减轻学生负担。并结合我校特色，制定了《沈阳农业大学附属小学多元化作业管理新规》。学校成立作业管理领导小组，形成"三位一体"作业管理网络，即校长牵头负责制——校长、教导主任及教研组组长统筹管理作业；一线教师合作制——班主任和各科任教师按照学校统筹，因材施教，创新作业新模式；家校齐心共建制——家长督促学生作业落实情况，及时与老师沟通反馈。

"三位一体"的作业管理网络让学校的责任回归学校，家庭的责任回归家庭，共同引导学生自主完成作业、自我管理作业。

一直以来，我校的家庭作业就以"少而精"在本地区小有名气，"十要求"出台后，学校更是提出要求，严格控制作业总量：一、二年级坚决不允许布置书面家庭作业，鼓励多元化作业，如家务劳动类、体育锻炼类、阅读品析类、

背诵积累类、艺术鉴赏类等，在"树德、益智、健体、育美"上下功夫；三至六年级坚决保证各科书面家庭作业总量不超标。同时，严禁教师在微信群、QQ群等布置家庭作业。

为了督促作业管理工作的落实，学校还不定期地通过对学生、家长访谈及随机抽查等方式，加强学生作业的督查管理。同时在微信公众平台上公布了举报电话，接受各界监督。

二、加强课堂质量，全面推进多元化特色课程实施

减少书面作业量，取缔所谓"题海战术"，而又不能因此降低教育教学质量，破解问题的办法——提高课堂质量，全面推进多元化特色课程实施，提升学生在校的学习质量，才是减负提质的关键所在。

（一）"抱团儿捆绑式"搞教研

"一枝独秀不是春，百花齐放春满园。"为推进各学科教学发展，学校成立了"丁香·语韵名师工作室"和"妙趣'飞'凡名师工作室"，充分发挥工作室全体成员的智慧和教学研究能力，发扬开拓创新和团队合作精神，定期开展教研活动，旨在向课堂要质量，让每一节40分钟的课堂发挥每一秒钟的价值。

（二）农业特色校本课程进课堂

我校利用沈阳农业大学得天独厚的资源，为全校学生提供了解生态环境、体验生态农业、学习植物多样性、探究生态种植空间等丰富的学习资源，拓展多层次课程的实践平台，创设开发了具有农业特色的系列探究实践课程。如：科学认识土壤、"天气与节气"综合实践活动、植物粘贴画动手实践课、显微镜下的世界、"我是小小园艺师"、"DIY我是烘焙师"、"稻花香"实践探究课程等，让学生在课程中体验劳动、热爱劳动，崇尚科学，培养学生从小树立"知农、爱农、学农"的远大理想。

（三）特色美育进课堂

我校十分重视美育教育，电子琴课、陶笛课、竖笛课、国画课、创意画课等多样课程实现课内课外深度融合，深受学生喜欢。教师在课堂上教得好、学生在家美育作业完成得好，深入推进了美育教学改革，提升了我校美育教学质量。2020年，我校美术写生课堂在教育部官网报道。

（四）特色体育进课堂

学校不断完善"健康知识＋基本运动技能＋专项运动技能"体育教学新

模式，开设了橄榄球、绳操、武术等校本课程，通过春夏季足球、篮球赛，秋冬季跳绳踢毽赛，达到增强体质的教育目的。

三、创新作业模式，实现"五育并举"落地见效

我校不断创新作业模式，实施多元化作业，即知识性作业、体验性作业、实践性作业、创造性作业、口头性作业等，坚持"五育并举"，促进学生身心全面健康发展。

（一）每日"快乐阅读"作业，全年"无休"

为鼓励学生多读书，培养学生良好的阅读习惯，打造书香校园，学校在各楼层的走廊上设立开放式书架，摆放科目齐全的课外读物，学校成为了书的海洋，学生随时翻阅，并可以借回家阅读。每晚阅读任务从不落下，班主任根据年级特色向学生推荐好书，鼓励学生和家长坚持亲子阅读。从一年级的拼音读物到二年级的桥梁书，再到中高年级的名著整本书，鼓励学生多读书，记录读书体会，做好阅读积累（设立分年级读书记录，学生自主自愿积累）。

（二）鼓励分层作业，形成结对子帮扶策略

学生的认知水平和接受能力是有差异的，根据学生自身特点，可选择性地完成作业，让学有余力的学生"吃得饱"，让吃力的学生"吃得好"，是科学有效的方法。学校鼓励分层作业，实行结对子帮扶策略，即一个学有余力的学生，"承包"一个学习上稍吃力的学生。由于教师在教学时要面向全体学生，个别同学接受能力稍弱，作业问题较多，就会出现跟不上的现象。此时，结对子就发挥了作用，优秀学生利用业余时间为结对子的同学进行单独辅导，耐心、细致地将错误原因、正确解法向同伴讲清楚，在这样的学生合作中帮扶与被帮扶的学生都有所成长，学习动力不断增强，且有效地完成学校作业，巩固了所学内容。

（三）布置体育美育劳动教育类作业，建立充实的"晚间时光"

学校将手工制作、艺术习练、体育锻炼、家庭劳动和习惯养成等纳入学生多元作业体系，创新实施星级评价体系，结合少先队争章计划，引领学生在多元作业中树德、增智、育美。

（四）创新课堂作业考核新形式，全面推进素质教育

不墨守成规，寓教于乐是开发和挖掘学生长处及教育成长的金钥匙。学校坚守作业考核新形式，学生在快乐的闯关游戏中，完成了各种作业考核，并且

取得了优异成绩。多元化的评价从知识技能转向综合素养，激发了学生的学习兴趣，让学生在各种特别的"作业考核"中不再觉得作业是一种负担，而是感受到了成长的快乐，收获了成功的喜悦。抓好作业管理，关系学生健康成长，素质提升。

案例来源

抓好精准作业，落实立德树人

作业是学校教育教学的重要环节，也是学生巩固知识、提高能力的重要途径，是教师开展教学评价和精准分析学情的重要手段。教师通过布置精准作业，可以巩固和检查学生的学习效果；学生通过完成作业，可以提升本领，培养良好习惯。布置作业和完成作业是一次良性互动，在这一过程中可以深化立德树人成效。

多年来，我校一直秉承"分层留作业，留学生能做的作业；减负提质，用作业育人"的作业理念，形成了"一五一精准作业"的作业管理模式。

一、一个理念——作业育人

作业作为教育的重要环节，必须担起育人职责。学校全体教师坚守"作业育人"理念。坚信高质量的作业，必须融入思想道德教育、文化知识教育、社会实践教育，对于学生增加学习兴趣、减轻课业负担、巩固学习内容、发展学习能力、培养学习习惯、提高品德修养、提升学业成绩等有明显作用，是实现提质增效、促进教育内涵发展、落实立德树人根本任务的突破口，是教育高质量发展的重要抓手。

2020 年 11 月 10 日，辽宁省教育厅印发了《辽宁省义务教育阶段学生作业管理"十要求"》。我校闻令即动，校长立刻召开教师会，带领大家学习了相关文件，并公布了符合我校特色的作业管理七措施。要求全体教师充分认识义务教育阶段，学生作业管理对促进学生健康发展和义务教育高质量发展的重要意义。强调全体教师从思想上要提升认识、提高政治站位；从姿态上要自觉接受社会、学校、家长的监督；从行动上要营造良好的育人生态环境。

学校发布了公众号《闻令即动，减负提质。落实作业管理"十要求"，规范教育教学行为》，表达了学校推行精准作业管理，落实立德树人的理念——全面贯彻党的教育方针，扎实落实立德树人根本任务，坚持"五育并举"，发展素质教育，一如既往地以促进学生全面发展和个性和谐发展为根本价值，守正创新，尊重教育规律，助力每一个孩子的健康成长，持续推进减负提质，为党育人、为国育才。

二、五方联动，布置精准作业

教研（备课）组、班主任、任课教师、家长和学生，五方联动、合作共商，揣人本意识、留精准作业。

语数外、理化生、史地政、体音美各教研（备课）组长召开教研（备课）组会，探讨布置有学科特色的魅力作业，以期提升作业效果。

班主任召开本班任课教师会。根据学生特色把班级学生分层分组，为"分层留作业，留学生能做的作业"打基础；根据教学任务及本班学生的基础特点统筹各学科的作业量，努力做到以人为本。

召开家委会和家长会，宣传解读学校的各项措施，给予有效指导，并听取家长心声，建议家长关注孩子的作业完成情况，督促学生要做到每天坚持校外体育活动，严格控制好居家上网时间，自觉保护视力，最大限度地减少使用电子产品时间。争取最大限度的家校共育。

召开学生座谈会。定期召集不同年级、不同班级、不同层次的学生进行座谈，听取学生的要求和建议，及时作出调整。允许学生在和教师协商的前提下给自己留作业，也可以把少写或不写作业作为对进步生的奖励。

三、一个作业管理督查小组

学校成立以校长为组长、教学校长为副组长、教学主任为组员的作业管理督查小组，主动公开校长办公电话为作业管理监督举报电话，做到有报必查、有错必究。

督查小组职责如下。

统筹作业布置、严把作业难度。要制定作业管理实施方案，指派学校教务部门、教研组长、班主任分别统筹协调学校、学科、年级、班级教师科学合理布置作业，审核把关作业内容、形式和总量。分年级、分学科指导教师从学与教的视角思考作业内涵、研制作业内容、规范作业布置、合理作业评价。强化实践性作业和分层弹性作业，保证作业不超纲。严禁布置机械性、重复性、惩罚性、随意性等低效作业。

规范布置途径、严格作业批改。注重培养学生自主学习的意识和能力，教师必须面对面为学生布置作业，并要求学生完整记录。原则上不得统一使用QQ、微信、钉钉等方式通过家长布置作业，或强制使用校讯通、作业APP等布置作业；教师须亲自批改作业，提倡作业面批面改，以便充分掌握学情，不得只布置不批改，不得应付性批改，不得要求家长代批作业。

把握课堂教学主阵地，提高课堂效率。强调创新教学方式方法，促进信息技术与教育教学的深度融合应用，强化教学规范管理，对作业考试辅导等作出制度性安排。

加强考试管理，不单一以考试成绩评价学生。

突出家校合作。家长要积极配合学校工作，注重学生在家学习期间良好习惯养成，督促学生主动独立完成家庭作业，并及时将完成情况反馈给教师。呼吁家长要注重促进学生身心健康，不额外给学生增加课业负担。

落实周查作业制。每周五是教导处的作业检查日，学校集中检查本周教师留作业是否合理，批改是否及时，评价是否合理。校长亲自担任检查组组长，表扬先进，约谈不合格者并帮助整改。

落实假期作业报备制度。学校要求教师在寒暑假等长假前把预留的假期作业先上交学校审核，以保证作业布置目标明确，既重视思维协作、生活化，强调运用学习资源，具有弹性和针对性，也包含适量而有意义的记诵。

对各班日常收取作业流程给予常规要求，即"入室即交，交后入座，坐后即学"，杜绝了早晨到校补作业、抄作业和学生在教室里乱走动的现象，使学生能以最快速度投入早自习中，培养学生的条理性、自律性和高效率，也促进了良好学风的形成。

前一天放学时各科课代表把第二天要交的作业本类型写在黑板上，方便所有学生整理作业本。建议学生写完作业后，把第二天要交的作业本放在书包中固定的位置，以便第二天迅速拿取。学生第二天早上入室即交，即从后门进入教室后，把作业本按类别交到后柜上，然后再回座位上自习。早检前各科课代表把作业本送到教师办公室，并清点未交名单。

　　教育从来都不是立竿见影的事情，我们无法量化"一五一精准作业"的作业管理模式的成效，但是我们在作业育人理念下送出的毕业生确实很受上级学校喜爱。无论是"龙头三校"，还是普通的公立私立高中，都十分喜爱我校的毕业生，说我们学校送出的毕业生有后劲，素质高。

　　在我国教育进入高质量发展的现阶段，我校会一如既往地提高作业管理站位，强化作业育人意识，在认识上找差距，在工作上找短板，在措施上找弱项，在落实上找问题，落实立德树人根本任务，致力于培养德智体美劳全面发展的社会主义建设者和接班人。

第二部分　基础教育阶段课程思政的现状及对策建议

从课程德育发展到今天的课程思政，国内各学校都积累了丰富的实践经验，特别是围绕课程思政教学改革的快速推进与布局，学校充分发挥了管理体制的天然优势，确保了课程思政这一重大教育教学改革得到积极响应与广泛认同。学校坚持将立德树人作为学校人才培养的根本任务，将学校思想政治工作、学校课程思政教学改革的目标任务与立德树人思想相统一，同时将道德教育融入课程思政教学改革，从而使课程思政育人功能有落脚点、有抓手。课程思政是确保学校为党、为国家、为人民培养人才的基本举措，需要深入推进和长期坚持。当前，我们仍需要深入总结课程思政实践方面存在的问题，并积极构思解决实际问题的有效对策，从而使课程思政教学能得到长期保障，进一步深化落实基础教育立德树人根本任务。

第五章　课程思政、协同育人面临的现状分析

课程思政理念虽然具有深厚的理论根基和现实依据，但是这只是一个合理性维度的思考，具体推进过程才是我们关注的重点。开创课程思政育人新局面，涉及课程资源整合、教育主体协同和体制机制构建等诸多方面。树立问题意识，剖析当前课程思政开展过程中面临的一系列问题，才能精准而有效地实现各类课程和思想政治教育的衔接。

一、对课程思政的核心理念尚未形成统一认识

（一）德育之"德"与立德树人之"德"存在混淆

学校管理者层面对课程思政立德树人的方向、目标等认识较为明确，具体将"德"的内涵深化为职业道德、生命价值与奉献、友爱的人文关怀。但是，政治认同与职业道德、个人道德有共通更有相异之处，尤其是随着当代政治生活的发展，国家政治这一层次与具体的社会道德及个人层次、个人意识中的道德准则是有区分的。

教师群体中大多数老师认为，课程思政是包含爱党爱国教育的，但道德和科学精神被放在了价值教育的第一位。有的教师认为，课程思政的思政就是思想政治，凡是精神层面的内容都可以是思政教育的内容，如格物、致知、诚意、正心、修身、齐家、治国、平天下及"善恶观"，在教学过程中，主要将传统意义上的道德精神、对人的关爱、对生命的尊重作为"思政元素"。有的教师认为，"思政，第一要强调的是思想，这是对于理想信念的要求；第二要强调的是思考，在课程建设中，也要让学生学会主动地思考和思辨"。他们在教学过程中充分挖掘专业知识所蕴藏的人文精神与科学精神，培养学生仁爱之心，让学生学会感恩。还有的教师认为课程思政就是表达了"善恶观"，教师落实课程思政就是体现为人师表，上课时注意自己的言行举止，尽量传播正能量，"刻意就变味了"，本身教学课时都比较紧张，"课程知识内容都讲不过来"。因此，不同教师对课程思政的不同理解导致了育人目标、主动性各不相同，课程思政在不同学科、不同课程、不同教师之间的落实效果是不平衡的。

从学生的角度来看，很多学生认为立德树人之"德"主要为公民道德，学生群体中普遍存在着将普通公民道德教育与学生德育相混淆的现象。立德树人与学生德育是有区别的，即立德树人立的是对国家与民族复兴使命的政治认同，树的是社会主义事业的建设者和接班人。而学生德育的教育目标是传统意义上的公民品德或称为人生教育。学生的德育规范与全体公民的价值观教育有着目标与内容上的共性、共通、共融，都属于人生教育的范畴。但作为社会主义建设者和接班人，应当认识到立德树人应坚持把人才培养的政治方向放在第一位。

这一类问题在全国各校也具有共性，比如某校负责同志提出了课程思政的

思想政治教育功能要体现"做人做事的道理"。这个道理并没有错，只是不适合作为学校立德树人根本任务的核心理念。某学校提出自然科学课程教师"在物理、化学、生物、数学课的讲堂上讲授教材时，不要只是毫无感情地说明真理，而是要使学生沿着科学艰险道路做一次富有探索精神的、充满为真理而斗争的崇高动机的旅行"。这就是在课程知识与思政元素的结合过程中突出了科学精神。而学生关注个人发展，愿意挖掘自身长处及兴趣，将思政与个人的特点相结合，激发创新创造能力，挖掘内在潜力，同时也要加强学生在科学精神、创新精神、文化素养等各方面教育。因此课程思政中思政属性、价值"包罗万象"的现象，课程思政教育功能"无所不能"的认识依旧在管理层、教师和学生群体中普遍存在。

（二）推行课程思政的自觉性不够

虽然许多教师在日常教学中已存在通过表达对国家、社会或人生的看法来教育学生的现象，但在具体落实课程思政教学改革的实践中，经常性开展价值观宣教的教师比例不足一半，且集中在部分学科。无可避讳的是，现实环境中实施课程思政的主要动机是实现学科评估相应指标、示范课程建设、上级督导及发现问题后的补充或整改，而缺乏实施课程思政的自主性、自觉性，多数是被动实施。另外，考核、评估的指标化往往导致教师内生动力受损，教师主观实施的积极性、自觉性大受影响。专业教师本身良好的、自觉的价值教育出发点及愿望却不得不妥协于较为繁重的教学和科研任务，主观开展课程思政的自觉性、能动性被"硬性工作""硬性任务"挤占。有教师所言"上课都来不及"，也是由于对课程思政教学理念的本质内涵、目标意义把握不够、领会不深，导致了认识不到位、不充分，在实际实施过程中自觉性不够。

二、各类课程差异明显，难以发挥"共振效应"

课程作为教学的重要载体形式，在各自的学科领域下设置了具体的课程教学目标，划定了课程教学的内容范畴，基于前两者形成了相关的课程评估标准。课程思政推进过程中首先面对的就是课程覆盖面广泛的实际情况，课程思政与原有课程之间衔接精准度不高是当前工作面临的一大困难。在不消解各类课程原有教学目标和教学内容的基础上，都种好"责任田"，发挥思想政治教育功能是当前落实课程思政、协同育人的重点和难点。就目前状况来看，由于原有各类课程在教学目标和内容等方面存在明显差异，冲击了课程思政目标的实现，并且挤压了课程思政的育人空间，这也是各类课程协同过程面临的现实问题，是一个客观存在的现实，课程协同还面临以下诸多困境亟待破除。

（一）各类课程教学目标差异明显，冲击理想目标的实现

相对于国家人才培养目标和学校培养目标来说，课程教学目标作为微观层面的教育目的指导着教学实践，它规定了教学知识范畴及学生能力培养方向，是趋向具体化的培养目标，各类课程教学目标差异显著，侧重于学生不同的发展方向。这一客观现实本身就增加了从各个较为具化的课程目标中整合课程思政教学目标的难度，冲击了课程思政协同育人理想目标的实现。当前，我国基础教育课程的教学目标虽然在不断调整，但大多数任课教师都将重点放在如何实现本课程教学目标上，在这样的宏观背景下凸显课程思政目标不会自发实现。

一方面，从动态发展过程来看，伴随着学科、课程的分化与综合，涉及课程的重点置于课程目标的调整和重构上。

科学的变革和发展是导致学科和课程综合与分化的直接原因，科学是对自然界、人类社会及人类思维纵深发展的回应，其中渗透着文化价值观和意识形态等因素。学科和课程作为科学，是学校教育领域的重要表现形式，相应地，前两者也随着科学的发展与变革而调整。新技术革命如火如荼地开展和劳动分工的不断精细化，为学科、课程的分化提供了现实推动力。科技、社会发展日益复杂化，学校课程的综合趋势集中体现在交叉学科的出现，横向上体现在自然科学和人文社会科学之间及两者内部的交叉，纵向上体现在基础理论研究和应用开发研究之间的融合。在课程的分化与综合过程中，课程设置会随之发生调整，教学人员会将重心放在相关课程目标的实现上，并不会去探寻课程的文化底蕴和剖析课程蕴含的价值观目标。因此，这无疑在部分所涉课程范围内使得课程思政目标被冲散甚至被边缘化，难以运用课程载体实现协同思想政治教育目标。

另一方面，各类课程教学目标差异显著，如何在众多课程目标中凝聚课程思政目标是当前实际教学面临的难点。

学校教育树立起"学科高墙"，各学科领域下的各类课程目标具有明显的学科分界感。在现代化教育背景下，我国基础教育实施的是划分学科的教学模

式。但是我们也可以窥见实现课程思政的极大可能性，因为从总体来看，哲学社会科学类课程除了落实具体课程的专业知识外，还强调人文精神的熏陶，尊重人的价值，依靠人文的力量塑造人的现实生活和精神世界，从情感交流、人文情怀彰显到通过生命真谛的探索去推进人文教育；自然科学类课程在培养学生专门化技术知识的同时也注重科学精神的培育，在科学理性和工具理性的作用下凸显科学技术的价值，强调运用科学技术和科学思维方式形塑人的物质世界和现实生活，着眼于科技教育，追求科学世界的真理。课程思政目标更接近全面育人的理想目标。在功利主义、实用主义价值取向的冲击下，要想将各学科课程置于思想政治教育目标实现的统筹下，关注并且实现教育对象的思想认知、道德情感和价值观等维度的目标，从当前实际情况来看，还存在着不同程度的"缺位"。各类课程目标培养指向明显，具有差异性和排他性，在追求专门化育人目标的过程中，可能会导致课程思政目标被持续边缘化，冲击依托课程实现思想政治教育育人目标的现实可能性。

（二）教学内容庞大，增加了精准挖掘思政资源难度

当前我国基础教育采取划分学科课程教学育人模式（如初中设有语文、数学、英语、物理、化学、历史、政治、地理、生物、体育、音乐、美术、微机、劳动、地方课、校本课等近20门课程），各门各类课程具有鲜明的学科属性，承载着众多学科知识内容。各类课程知识体系结构相对稳定，以既定的教学内容为着力点，遵循相应的教学规律传授学科知识。所以就课程教学内容而言，各类课程的教学内容因学科专业领域不同而呈现出显著差异性，各自研究的问题领域和话语方式也存在着明显的专业界限。如何保持学科知识教育和思想政治教育两者之间的平衡本身就是一个尚待进一步解决的问题。在课程思政背景下，更是将课程体系这一整体框架置于价值观培育的合理性维度中，这无疑给课程思政育人精准挖掘思想政治教育资源带来了实践环节的难度。

当前基础教育教学（尤其是数理化生等学科）普遍存在学科高墙和专业壁垒，难以在众多课程内容中甄选出思想政治教育内容。进入新时代，党和国家比以往任何时候都更重视思想政治教育，强调要将思想政治工作贯穿于教育教学全过程，将思政之"盐"溶入教育之"汤"，以期实现立德树人的根本教育目标。不难看出，党和国家对思想政治教育的定位，不再局限于隐性思想政治教育范畴，而是要将其他课程纳入思想政治教育作用的范畴，逐渐构建成一门

"显学"。但是从课程思政实际推进过程来看，现实状况并非如现在设想那般乐观，最为明显的就是课程思政依然会陷于形式化之中。这一方面源于思想政治教育自身的形式化问题突出，进而影响整个学科体系对于课程思政的认同感；另一方面，在实际教学过程中，任课教师不能精准划定能够有效进行思想政治教育的内容载体，难以避免自圆其说的情况，从而降低课程思政的说服性。虽然各门学科和各类课程都承担着育人功能，但也正是这种学科界限使得课程教学内容丰富且各具特点。课程思政作用于各门学科的重要一环就是如何根据课程特点寻求思想政治教育切入点，明确哪部分课程内容能够精准地与思想政治教育进行有效衔接。如何依托教学内容在各门课程中寻求思想认知、道德情感、意识形态和价值观教育，成为当前课程思政有效推进过程中急需首要破解的现实问题。

非人文性学科课程（自然科学课程）缺乏价值引领，模糊了课程思政的内容范畴，带来了何种课程内容是思想政治教育资源的思想困惑。党的十九大以来，在中国特色社会主义新时代定位中，我国各级各类学校始终坚持社会主义办学方向，遵循党对意识形态工作的领导，致力于实现立德树人的根本任务。在新的历史时期，学校不断开拓教学视野，教育现代化的目标和社会主义办学方向得以巩固。要办好中国特色社会主义基础教育，就必须将社会主义核心价值观的培育和践行置于教学环节，教师要牢记教书与育人的使命，达到知识传授与价值引领同频共振的理想状态。这是学校人才培养具有前瞻性和战略性的一种体现，教育既要重视真理性问题，也要突出价值性问题。各类课程体系有着既定的专业内容规范，旨在运用科学教学方法和科学思维方式培养极具专业素养的专门化人才，在探寻世界真理性的同时实现个体的职业需求。因此，不同学科讲授的内容区别显著，专业课程中的价值引领需要在整个课程体系内引起重视。一种价值的内容来自一种特定的立场或视角，而不是整个透视的整体性视域。换言之，在价值逻辑中，不可能存在包含一切视角、立场的可能性的价值，即使以价值中立或最高价值的方式出现的价值，也总是不可能包含一切视角或立场，而总是先行肯定了某些价值，同时也否定了某些价值。

课程本身包含价值选择，它不是作为一个价值无涉的实体而出现的，我们可以从某一学科或者某个专业的视角和立场去求证某种价值，所以不同学科课程教学不该出现价值缺位的现象。例如，自然科学类课程与思想、政治和价值观等精神生活的关联性不强，它们一般将解释客观世界的一般规律、探寻科学的真理性视为重心，但是在科学共同体中渗透着文化传统、科学思维和工匠精神等方面，这自然为不同学科课程的价值引领打开了切口。从当前课程设置的逻辑来看，课程对最高价值的诉求也不可能从一切视角出发，都要从不同的学科视域，依托课程内容来实现。我们的所有学科课程都处于新时代中国特色社会主义大环境中，这也为专业课程价值引领提供了有益的生长环境。然而，在实际的学科课程教学中却仍然出现了知识与价值难以平衡的局面，对于自然科学来说，需要把握各种自然科学技术背后的人之道，专业课程教师传授的知识若缺少价值导向，单纯以知识形态呈现而未能进入人的思想认识层面，就很难打破课程思政育人的专业局限。当前专业课程协同进行思想政治教育的重点和难点就在于如何精准厘定蕴含价值观教育可行性的那部分课程内容，因为课程价值的展现程度建立在知识内容的基础上，专业课程价值引领作用的缺失或者弱化对于课程思政来说相当于致命一击。知识与价值的对立既是课程思政力图弱化的一对关系，也是当前专业课程协同思想政治教育在认知思维层面需要突破的难关。

三、教育主体之间力量分散，难以发挥协同效应

恩格斯指出，历史是这样创造的：最终的结果总是从许多单个的意志的相互冲突中产生出来的，而其中每一个意志，又是由于许多特殊的生活条件，才成为它所成为的那样。这样就有无数互相交错的力量，有无数个力的平行四边形，由此就产生出一个合力，即历史结果，而这个结果又可以看作一个作为整体的、不自觉地和不自主地起着作用的力量的产物。

社会历史发展是无数单个意志和力量相互作用的结果，推动事物发展的力量并非单一，它们有内在的逻辑关联。这种认识同样适用于课程思政育人实践，课程思政迫切需要在诸多方面的作用下生成的整体合力，进而实现协同育人理性目标，教育主体是课程思政育人系统中的子系统，缺少教育主体这一子系统合力的作用也就难以发挥课程思政的整体协同效应。从当前学校开展课程思政育人现状来看，教育主体对课程思政的认知及认同度和教育主体之间互动合作力度尚待提升。

（一）学科课程任课教师对课程思政的认知不到位

长期以来，思想政治教育工作都面临着思政课和其他课程"两张皮"的现

实难题，如何扭转思想政治教育在非思想政治学科课程领域被边缘化的局面，是当前工作的重大任务。各教育主体特别是自然学科任课教师对课程思政理念的价值认同度不够，如何完成思想理念上的"破冰"，将这一新的教育教学理念自发自觉地运用于课程教学实践当中仍是关键问题。

非政治课教师作为学校教育的主要力量与学生进行直接且频繁地互动，他们对课程思政理念的认知度和认同度将在很大程度上影响课程思政的实效性。非政治课教师对课程思政认知不到位主要体现在以下两方面。

1. 模糊了思政课程和课程思政的辩证关系

把握思政课程和课程思政的关系是贯彻课程思政理念的前提，但是很多教师都没有充分认识到两者在目标和任务上的共性及两者教学内容的相关性。部分非思政课教师没有意识到自身在引导学生价值观形塑方面的重大作用，将知识传授和价值领域视为对立的目标追求，将思想政治教育功能的实现囿于思政课教学领域，他们忽略了学科课程中的思想政治教育元素和思政课程的教学内容构成了课程思政的内容体系。

2. 对于课程思政价值认同的偏离

有的学科教师甚至质疑课程思政价值是否存在。在划分学科的教学模式下，单学科育人的固化思维仍存在于部分教师的头脑之中，将思想政治教育的价值观引领和意识形态形塑视为思政课教师的责任，将自身的教学任务定位于知识和技能的传授，并且非政治学科（尤其是非人文学科）的教师对该学科是否具有思想政治教育功能存在思想困惑，大多倾向于从事单纯的教学和科研活动，从而将课程思政理念落实和思想政治教育目标实现排除在自身工作范畴之外。对课程思政主观认知上的缺陷必定会导致这些学科教师难以融入全员、全方位、全过程育人的思想政治教育育人格局之中，推进这些教师思想理念层面的"破冰"是实现课程思政协同育人的工作要点。

（二）非思政课（尤其是非人文学科）教师（以下简称学科教师）开展课程思政能力不足

将思想政治教育巧妙嵌入学科教学是对教师能力的一大考验，学科教师的能力和素养是影响课程思政效能的核心变量。要实现思想政治教育"基因式"融入学科教学之中，既要求学科教师有过硬的学科知识储备和教学技能，又需要具备有效衔接思想政治教育的理论素养和开展思想政治教育的技巧。显然，从总体范围来看，学科教师诸方面的能力存在不同程度的欠缺。课程思政对学科教师提出了更高的能力要求。

1. 具备过硬的思想政治素养

学科教师要遵循社会主义办学方向和正确的政治方向，对教书育人保持极高的热情和强烈的使命感。思想政治素养是激发教师自我完善的内在动力，对学科教师的科学文化素养、专业技术素质等方面起着方向引领作用，这正是课程思政强调知识传授与价值引领并行对于学科教师素养的本质要求。

2. 掌握一定的马克思主义理论基础知识

学科教师要想在教学中渗透思想政治教育，足够的理论知识储备和理论敏锐度是基本前提。达到课程思政对学科教师所期许的理论素养标准，用理论武装头脑才能在实际教学中说服学生，才能以完善的课程思政教学逻辑提升学生的认同感和获得感。

3. 掌握依托学科课程进行思想政治教育的技巧和方法

学科教师在一定程度上掌握学生的思想认知发展规律和思想政治教育教学规律，发掘学科知识与思想政治教育的内在相关性，是推进课程思政的实践保证。

在这种多维能力体系的要求下，学科教师仍然在以下两个方面存在着能力短板，受学习和工作环境的影响，较难在短时间内从根本上改变这种现状。其一，由于受学科专业背景的影响，大多数教师未受到过系统、科学的马克思主义理论教育是客观事实，在理论知识储备和理论驾驭能力等方面存在明显劣势。其二，长期以来重视学科知识教育和技能传授而忽视价值观引领的局面并没有从根本上得到扭转，思想政治教育的"孤岛"困境使得任课教师缺乏提升自身思想政治教育技能的内在动力。

如何化解学科教师对课程思政的认同危机，促成他们在实践教学环节落实思想政治教育，对能力有着更高要求。突破学科教师开展课程思政的能力局限，建立课程思政长效学习机制势在必行，唯有如此，才能让这些教师达到对课程思政真信和真教的理想状态。

（三）教育主体之间协同、效力不足

课程思政要求充分利用好课堂教学这一主渠道，促成各类课程种好思想政治教育"责任田"，课程思政育人效力的发挥既取决于育人系统构成要素各自的存在状态，又取决于系统各要素之间的相互作用程度。以课程协同实现思想政治教育改革涉及教育教学各环节，需要在学校党委（支部）的带领下，通过各教研组和思想政治教育行政工作部门共同搭建课程思政平台，去鼓励和引导思政教师和学科教师开展教研讨论，凝聚思政专业和其他专业的育人合力。换言之，课程思政教学实效性的提升需要学校内部各部门创设协同育人环境，加强思政课教师和学科教师之间的交流与协作。

从整体来看，课程思政教育主体的协同力度不足是现实存在的客观实际。

首先，从思想政治教育管理层面来看，学校党委（支部）、团队委、教务处和学生处等职能管理部门还未明确自身在课程思政建设中的职责。有的学校响应课程思政改革，设立了由多个部门的核心人员组成的领导工作小组，但由于难以制定管理方案和实施细则而被搁置起来，小组工作名存实亡、流于形式。学校管理层面相关工作的欠缺给课程思政科学化和规范化运行带来了难度。

其次，从教师教学环节来看，思政课教师和学科教师由于各自的教学任务不同并且存在课程定位差异，两者的教学活动几乎处于平行状态，缺少有效的沟通交流。即便两者有意识且自发地尝试交流合作也会因为各自固有的思维模式局限而难以打开有效交流对话的切口，加之各自时间精力有限特别是各学科教师教学科研任务繁重，导致常态化的有效沟通难以持续。

再次，从各学科之间的协作来看，政治教研组应该在学校党团队委的带领下积极主动开展与其他教研组的沟通对话，从学校整体布局的维度将课程思政纳入发展规划之中。然而，从当前的实际工作情况来看，虽然政治教研组在课程思政推进中具备发挥协同引领作用的实力，但是其他教研组，特别是数理化生教研组配合度不高，学科之间难以建构有效的协作平台。

最后，从校际间合作来看，主要通过交流座谈会的形式将重点集中在各自课程思政建设具体内容的展示和经验的分享上，这种合作模式下积累的经验过于抽象和泛化，很难让一线教师体验到课程思政教学各个具体环节设计的精妙之处。

所以学校之间急切需要加强师资队伍的双向流动，提供给教师观摩学习课程思政特色课程的机会，体验课堂教学的真实情境，真正将使彼此的交流学习效果最大作为校际间合作需要突破的重点。

四、课程思政协同育人体制机制有待完善

目前，很多学校对课程思政建设做出了有益探索，积极倡导在教学实践环节适当引入课程思政育人理念，并且在多方支持下形成了一系列示范课程，但在整体规划、实际运行和评估体系等维度给予的制度支撑相对薄弱。育人体制机制呈现出非规范化甚至是缺位现象，使得课程思政协同育人难以真正落到实处。

（一）顶层设计碎片化，主体责任不清

课程思政育人体系蕴含一个多元主体集合，包括学校党委（支部）及领导下的各教研组、教学管理部门和团队组织，应当将这一新教学理念的实施置于学校战略高度，从顶层设计的总体规划视角明晰各主体的工作责任范畴，即尽可能设计好课程思政队伍建设的目标，并搭建好总体建设框架。如何打破职能部门壁垒，明确各部门在课程思政建设过程中的责任也是当前需要突破的瓶颈。虽然，学校内部结构分明，分工明确，各职能部门各司其职以保障学校各项工作科学有序开展，但课程思政理念下构建的全员全课程思想政治教育模式需要各职能部门的协同配合。然而，将课程思政工作介入各部门会引发原有职能部门工作的系统性调整，很多具体环节要与课程思政进行衔接，相关部门工作的落实需要以顶层设计的总体规划维度为起点，将各职能部门纳入课程思政教学改革系统，诸如教务处、德育处、团队委等职能部门职责的明确规划。因此，在分工如此细化的体系下，学校内部各部门界限感强烈，不会自发地承担课程思政建设的主体责任，若想将它们共同纳入课程思政工作进展中，还需抓好顶层设计，明确各职能部门有关课程思政建设的相关任务。

（二）制度建构有待落实

在推进课程思政实际教学的过程中，尚存在相关制度建构效力不足甚至是缺位的情况。

1.长效学习机制和集体备课制度需要进一步落实和完善

课程思政协同育人作为一种新的思想政治教育育人模式，教学主体，特别是学科教师需要有一个适应和学习的过程。学科教师受学科专业背景的影响，绝大部分尚不具备科学系统的思想政治教育理论基础及有效的教学方法。

因此，一方面，学科师资队伍真正融入课程思政建设，需要将长效学习机制贯穿始终，通过制度化的学习形式不断强化学科教师对课程思政的理解和执行能力；另一方面，鉴于学科教师以往形成的固定教学范式和程序，为了保证学科能够辐射思想政治教育内容而提前做好教学准备尤为必要，对于如何在学科知识传授过程中精准把握思想政治教育切入口需群策群力，创设集体备课制度，发挥教师群体的集体智慧。

2. 合作对话机制建设力度有待加强

对于思政课教师而言，他们承担着所属学科专业的教学和科研任务，因而参与课程思政建设的时间和精力有限。对于各学科教师而言，他们更加缺少主动融入课程思政的自觉意识。因此，激发课程的育人合力需要加强教学平台建设，促进对话交流与资源共享。

3. 维持课程思政教学的保障制度薄弱

从现实维度来看，无论是学科教师还是思政课教师，对于课程思政的专注度都尚待提高，其中不乏有人将课程思政视为自身教学科研以外的附加事务。除了大力倡导教师教书育人的责任感和使命感，亦可从奖励机制的角度，既给教师提供相应的保障，也为课程思政注入发展动力。由于当前学校对课程思政的相关保障配套机制考虑欠缺，还未能完全解除广大教师的后顾之忧，应该以相应的奖励措施对教师投入课程思政建设加以支持与鼓励，为他们提供专项经费扶持，以加大优秀示范课程的开发力度和提升课程思政课堂教学的积极性、成就感。

在课程思政制度落实效果方面，在具体日常教学实践过程中，教师本人自主实施的一些好的做法、部分教师开展课程育人的主动作为等很难得到学校层面的应有关注与适时鼓励。而发表科研论文、申报课题、参加竞赛等"短平快"项目彰显度最高，真正在日常的、普遍性的教学过程中认真贯彻课程思政、执行教书育人的教师很难被学校全面掌握到情况，更缺少评价和激励。

（三）教学评估机制滞后

教学评估同样是整个教学实践过程的重要一环，依据细化的评估标准，通过专业的具有针对性的评价话语进行反馈，是提升教学效果的重要步骤。目前，课程思政教学评估的核心问题是专业教学评估小组重组、评价标准亟待制定和跟进。现行的教学评估以学科教学过程和结果为评价依据，有专门的教学质量管控机构、评估方式及评估标准。面对课程思政教学改革的深入推进，理所当然需要建构与之匹配的评价机制。

1.课程思政教学评估任务实施主体模糊，缺乏专门评估机构规范开展相关工作

因为课程思政蕴含了思想政治教育有机融入专业课教学这一新的总体教学要求，评估操作主体既要有权威机构的支撑又要具备给予课程思政有效评价的能力，这正是目前课程思政主体欠缺的。课程思政教学评估的主体责任由谁承担、学校原有的教学质量监管部门是否有能力开展有效的课程思政评估都有待进一步明确，因此，组建专业的教学评估工作小组，将德高望重的专业教师和经验丰富的思政教师纳入其中尤为必要，这将在一定程度上改善评估主体模糊、互相推诿的状况。

2.原有的教学评估体系与标准与当前课程思政建设实际不相符

在当前宏观的评价体系下，呈现出重智育轻德育的畸形状态，这客观上挤压了课程思政的开展空间，甚至直接导致课程思政教学环节缺失。课程思政建设涉及学科课程教学中的思想政治教育效果评价，即评估学生正向价值判断和价值形塑的能力及内生动力。

在对教师的评价方面，学校教师考核评价结果是教师选用聘任、薪酬、奖惩等的重要依据。教师的教学和育人成效相比较而言，前者更容易得出结论，更具可操作性。而对课程思政的绩效评价，过多侧重于教师参与活动的评比、课程思政学术成果的评比，而忽略了教师在日常教学、平时应用过程中的实际效果评估。在日常教学环节中，课程教师到底有没有落实课程思政系列活动所展示的理念、内容、方法及落实效果到底如何却被忽视。在教学一线真正探索课程思政的教师与教学过程中只讲解学科知识的教师，该如何区分并形成全面评价？也就是在日常教学中，课程思政教学改革做与不做、做得好不好，学校有关部门尚缺少渠道和体系去观察、掌握情况，客观评价难以形成。尤其是事业单位全面实行绩效考核后，没有将课程思政推进的质量、内容、成效等情况纳入学校教学绩效考核指标体系与职称评定指标体系。

因此，不同于以往仅在专业领域进行评估，还应从学生身心成长和价值取向等维度进行综合考量。一方面，要对课程思政进行教学过程性评价，即教师在专业课教学中是否具有开展思想政治教育的意识及采用的课程思政教学方法是否实现了专业知识与思想政治教育的自然衔接。另一方面，对于教学效果的

评估既要着眼于学生对专业知识的掌握和运用能力的考评，也要建立起学生情感态度转化、价值选择和信仰形塑方面的考察指标。课程思政致力于将专业课中的思想政治教育内化于心、外化于行，所以课程思政教学效果难以拥有量化指标，无法通过直接的学业水平测试赋予分值，这也给当前的教学评估标准、课程思政教学评估带来了较大困难，需要拟定新的标准并及时运用跟进。

（四）缺少系统化、长期化的师资培训

广大学科教师的政治理论学习仅局限于校内组织的政治理论讲座报告、会议精神传达，缺乏系统性。实际上，教师的政治学习情况更不乐观，因为不参加学校政治学习，教师的年终考核、工作量考核、教学科研考核乃至职称晋升等均不受影响。在单一化、单次学习都无法保证的情况下，系统化培训难度更大，但也因此更加需要。而各类培训中较少对政治理论做系统安排，所以加强教师教育教学政治理论知识的培训是重中之重。师资培训的缺失给课程思政的实施带来了理论运用及思政教学能力的局限，政治素养的缺乏会带来课程思政思想教育、价值教育等根基不牢靠的风险。学科教师实施课程思政教学，对于本课程的知识掌握与传授一般问题不大，然而对"思政"概念及内涵的认识不清楚、开展思政教育教学的能力不足，导致主观上与客观上都实现不了课程思政的预期目标与效果。

综上，在推进课程思政协同育人进程中面临如何将专业课教学和思想政治教育进行精准衔接和实现课程思政教学目标、如何集中教育主体力量发挥协同育人效应、如何创新课程思政协同育人体制机制等现实难题。这些问题都是课程思政在现行教育环境下面临的挑战，分析把握协同育人困境对于为课程思政协同育人提供具有针对性的建设方案具有重要意义。

第六章　课程思政实践的对策与建议

一、增强组织程序意识

（一）统一思想，提升认识

1.学校领导层要形成统一认识

第一，学校领导层要对课程思政实施目标形成共识，即课程思政教学改革是学校思想政治工作的主渠道，主要目标是提升学生群体对中国共产党的政治理想、政治道路、政治体制、路线方针等认同。教育是培养人的工作，课程思政教学改革是着力解决"培养什么人、怎样培养人、为谁培养人"这一根本问题的重要手段，学校主要党政领导应在这一问题上毫不含糊、坚决落实。尤其要通过党委理论中心组学习交流、党委班子民主生活会等形式加深对这一认识的理解，勇于对核心概念的认识开展自我剖析，使学校领班子成员在观念的碰撞和改变中形成统一认识，真正使立德树人根本任务统领办学治校各方面，守牢意识形态主阵地。

第二，毫不动摇地坚持党委的统一领导，学校党委应加强对教师的政治引领和思想统一，落实思政工作不分党内与党外，并强调各级党组织在课程思政动员、落实等各环节的组织领导、资源调配作用，全面统筹学校育人资源，推动知识传授、能力培养与理想信念、价值理念教育的有机结合。改革是学校思想政治工作的主渠道。

2.促进专业教师自主、自觉认知

学校应引导和加强广大教师对社会主义办学方向、教育的目标是培养社会主义接班人等方面的认知，注重知识传授和知识运用方向上的统一。多数教师具有国家事业单位编制和干部身份，既然承担教学任务，那么相应的教育职责、政治立场也应充分担当起来。学校也要注意工作环境对教师群体观念的现实影响，尤其要制定正确的选人、用人制度及职称晋升导向来营造风清气正的校园环境，这是对广大教师最直接、最具操作性，也是最有效果的教育引导形式。要注重提升教师落实课程思政的自觉性，保护教师教书育人的原生动力和内在积极性，既要贯彻落实课程思政教学改革，又要适当给教师群体繁重的教学科研任务松绑，做到"有所为、有所不为"，给足教师群体教书育人自主思考、自主探索、形成认知的时间和空间。

（二）完善课程思政管理中层架构

国内各学校课程思政顶层设计架构基本相同，即党委书记为第一责任人，分管校领导为分管负责人，然后在此框架基础上成立各部门、各教研组负责人参加的领导小组或工作小组。而在学校课程思政中层管理架构中，各校区别较大。因此，所在学校必须根据校情，明确到底是党委宣传部、教务处、政治教研组等哪一部门来负责本校课程思政的管理和协调。一方面，要统筹兼顾，做到横向协作、各司其职、齐抓共管；另一方面，要极力避免"各司其职"的分工造成"五龙治水"局面，取得成绩、成果，各部门蜂拥而上，出现问题、难题则只会维护本部门利益。所以，在学校课程思政中层管理架构内必须明确指定唯一的部门（教研组）来负责管理、协调课程思政在本校的落实，并给予充分的管理、资源配置权限。

在学校课程思政管理中层架构中，团队委、教务处、政治教研组等重点实施部门应细化明确参与课程思政管理、协调及指导人员的权责，严格按权限实施层级管理，提高工作效率。上述中层部门课程思政权责可细分为部门（教研组）正职为第一责任人、部门（教研组）分管副职为直接责任人、落实课程思政的学科（教研）组组长为工作负责人。

课程思政，以立德树人为核心，落脚点为思政，关键点是对党的认同。建议由党委（支部）书记来负责课程思政管理，教师的思想政治建设纳入教师队伍建设和发展，由分管教师队伍建设的负责人在学校党委（支部）书记的领导下分管课程思政，发挥党组织的核心作用。

（三）建立和完善课程思政实施制度

1.合理制订本校课程思政实施计划

首先，要确保学校层面制订的课程思政实施计划是可执行的，这是课程思政教学改革得以顺畅运行并长期落实的关键。可执行的计划的主要特征体现在两方面：一是适度管理，不过度计划。课程思政实践一定要基于基本国情、基础校情开展，教学目标要结合学生群体的现实思想道德状况和政治理论水平。

教师作为课程思政行为主体，课程思政计划制订要考虑本校教师的学科特点及教学科研工作实际，特别是关于课程思政教学的指导培训要做到目标可实现，时间有剩余，日常教学与科研进程不受影响。二是设立合理预期。课程思政教学改革要达到本校所有教师教学能力提升、学生综合素质明显提高等目标不是一蹴而就的，一定是本校教书育人落实状况和学校文化长期积淀、动态发展的过程。学校课程思政实践就是要抓住各发展过程的特点，建立某一特定时期的阶段性预期，使计划与预期合乎常理，进一步使课程思政实践达到"遵循思想政治工作规律，遵循教书育人规律，遵循学生成长规律。

其次，制度要细化并具备可操作性。结合本校、本部门、本年级的实际，从课程思政最需要迫切解决的问题入手，把课程思政实施制度制定得更具体、更缜密、更规范，不仅要说清是什么、为什么，而且要说明怎么办、由谁办、何时办等。唯有将制度细化、量化、具体化，才能使课程思政教学真正落到实处。

2. 加强课程思政资源保障

首先，坚持责任主体同时也是权力主体的理念。在学校内部，对于课程思政直接负责的校级部门要授予教师管理、教学管理及课程思政资源（包括人力资源和财力资源）调配的直接权力，没有教师管理权限的部门很难担当起课程思政推进职责。比如设立"党委教师工作部"，加强对教师的日常管理，并给予惩处和嘉奖权，避免政治不合格、道德水平低下的教师承担教职。

其次，投入与对应责任相匹配的资源。课程思政教学落实单位主要在教研组（年级组）层面，课程教师对应的日常管理、教学管理通常也在教研组（年级组）。一所学校，校级层面的资源调配与统筹往往较为顺畅，但是在教研组（年级组），资源的获取能力、分配水平经常是不均衡、矛盾突出的，甚至职责难以明确。尤其在当前课程思政教学改革与教师所承担的学科利益、科研成绩、职称晋升等无直接联系的情况下，教研组（年级组）若对本部门教师课程思政实施缺少相应投入或应有关注，导致"做与不做一个样"，教师履行课程思政教学改革的积极性就会严重受影响。

最后，技术资源保障。学校课程思政负责部门应与政治教研组建立课程思政教学联系制度，发挥思想政治理论课在课程思政实践中的先行地位与引领、指导作用，按计划、分批次开展课程思政教学改革、教师培训、规范制定、教学试验的组织等，始终保持专业课与思想政治理论课同向同行、协同育人。

（四）加强对课程思政师资统一培训力度

学校可以规定教师晋升高级职称的条件，如，党员教师要有至少连续一周时间的本校或党校、干部学院的学习培训经历；非党员教师要有至少连续一周时间的本校或社会主义学院、干部学院的学习培训经历。只有学校及上级官方机构设立的政治学习培训单位才是系统化提升政治素养的供给方，具有政治理论解释的科学性、权威性和学习结论认定的官方性、严肃性。统一培训并不是放弃日常教学工作，对学校日常教学影响不大，因为时间仅一周左右，而且是分批次学习。

另外，要加强思想政治课教师对其他学科教师的指导培训，确保所有课程教师的教学与思想政治理论课协同，做到隐性教育与显性教育相结合，确保理论方向上的同向同行。在对在校生群体组织的问卷调查结论中，思想政治课教师对学生社会热点问题的解释力和采信度是最高的，因此，学校政治教研组应在学校组织牵头下，分步骤、分批次地对所有课程教师开展课程思政教学思想和能力的系统培训，通过集体备课等形式共同发掘思想政治教育资源。

（五）建立和完善课程思政实施综合评价体系

1. 利用好现行教学评价体系

各高校现行的教学过程监督、评价体系与课程思政教学的督导、评价并无冲突之处，因此，对于课程思政的评价，我们应首先运用当前已普遍设立的各级教学督导队伍、学生信息员队伍及教师网上测评系统等途径，要避免两类现象：第一，教学督导听一节课，如果发现教师无思政融入，就将结论定为教师未落实课程思政；第二，教师发现督导或管理干部来听课，课堂上及时调整教学内容，立即讲解思政元素，就得出教师落实课程思政得力的结论。因此，常态化的评价建立比单次、偶尔抽查更为重要。所以，学生信息员队伍、学生网上测评是反馈教师课程思政日常实施情况较为全面的途径。现实中，可能有教师担心会得"差评"而降低学习、考核标准，"不为难学生"；也有学生因为课程考试未通过，而给课程教师打下不符合客观实际的分数，这时候要注意运用多数学生的测评结论并考察教师的一贯表现。一项举措，往往有利有弊，但不能因为"点"上的不足而否定"面"上的功效，而要做到现行评价手段的多角度观察、各方面结合。

2.外在评价逐步转换为学生内在发展评价

就课程思政评价本身而言，需要将学生的认知、情感、价值观等内容纳入其中，体现评价的人文性、多元性，为此，各学科在培养方案、课程标准等重要教学文件的审定过程中要重点考量"知识传授、能力提升和价值引领"，作为课程教师育人意识和能力的评价；由于长期以来唯"量化指标"的评价导向，对专业课程的评价主要侧重于采用调查问卷、统计分析等方法，评价内容和形式单一。要认真贯彻落实教育部关于清理"五唯"即"唯论文""唯帽子""唯职称""唯学历""唯奖项"的要求，避免将课程思政教学落实评价的依据量化为论文发表、课题申报、学术头衔、活动获奖等材料数据，要让课程思政回归教育的本质和初心，为推进课程思政深化落实营造良好环境。

对课程思政实施评价应该体现在校学生群体的特点，要符合教育教学规律、学生思想品德形成规律和学生成长成才规律，应该体现鲜明的知、情、意、行的统一性和学生主体的发展性。课程思政教学成效需要足够长的时间跨度来体现，课程思政教学实效与教育人才培养目标的实现密不可分。因此，可以通过毕业生回访等形式来检视本校课程思政实施总体实效，做到不是"为了评价而评价"，而是深入反思和持续改进本校课程思政教学改革的形式、内容和存在的主要矛盾，在学校办学过程中着力探索和解决"培养什么人、怎样培养人、为谁培养人"这一根本问题。

二、体育与思想政治教育

（一）体育与思想政治教育建设的价值逻辑

体育课程思政建设，指在体育课程与教学领域，将思想政治教育贯穿于学校人才培养体系的理念、任务、方法和过程的总和。在中小学进行体育课程思政建设是当下教育发展的趋势，具有重要的应用价值。

1.全面贯彻党的教育方针的需要

中小学进行体育课程思政建设关系到"培养什么人、怎样培养人、为谁培养人"的根本问题，如何针对教育根本问题进行探索，是体育课程思政建设的关键所在。

中小学体育课程思政建设要明确党对体育事业的全面领导，深入了解中小学体育课程的性质、理念、目标和要求。《关于全面加强和改进新时代学校体育工作的意见》明确指出，要提升学校体育在学校教育体系中的地位，并构建德智体美劳全面培养的教育体系。意见中的要求和相关措施，与中小学体育课程思政的内涵、性质不谋而合。

2. 体育课程与教学协同育人的需要

《义务教育体育与健康课程标准》指出，体育课程是以增进学生健康、培养学生终身体育意识和能力为主要目标的课程，中小学体育课程强调在学生体育课学习中渗透德育，整合并体现课程目标、课程内容、过程与方法等多种价值。该标准是中小学体育课程的顶层设计，是中小学体育课程的理论基础，标准的具体实施需要通过体育教学来实现。《中小学体育教学规范》明确指出，体育教师必须认真学习《学校体育公共条例》和《全日制义务教育体育与健康标准》。体育课程思政建设将体育课程与体育教学相结合，使教师意识到体育课程育人的价值，认识到体育具有独特的思政意义，将理论真正运用到实践中，实现中小学体育全员、全方位、全过程育人，实现学生思政、教师思政、课程思政、学科思政、环境思政，体现体育课程对中小学思想政治教育的最大价值。

3. 中小学学生身心发展的需要

中小学阶段是人生观和世界观形成的重要阶段，尤其需要教育教学的正确引导。中小学学生的感知觉、注意力水平、思维能力、记忆力随着年龄增长逐渐从低级发展到高级、从简单发展到复杂、从量变发展到质变。小学、初中、高中每一个阶段，学生身心发展的特点不同，在体育课程实践中，对处于拔节孕穗期的中小学学生应进行思想政治教育的精准引导。

小学生的身体发育还未成熟，注意力集中性较差，理解理论的能力不足，但感性能力强，形象化思维能力强。因此，体育教师可以利用体育室内课给学生播放具有爱国主义色彩的体育节目，如女排夺冠，讲述体育英雄事迹，营造浓厚的爱国氛围，培养学生爱国情怀；通过教学体操类的基本动作，如横队和纵队看齐、齐步走等口令性动作及组织多种集体舞蹈动作教学，树立学生的规则意识与集体意识。体育教师要在体育教学实践中不断摸索适合小学生体育思想品德教育的方法，积累经验，把体育课程思政在体育教学中具体化，让思政元素自然地融入体育教学。

中学生具有强烈的求知欲和探索精神，但是在认知上容易受情感支配，思维的批判性明显增长，不愿轻易接受别人的意见。教师要根据中学生的身心特点不失时机地进行爱国主义、集体主义、社会主义教育，培育学生良好的体育品德，如在进行体育运动知识教学中，阐述北京作为第一座既举办过夏季奥运会又举办冬季奥运会城市的背后故事，通过相关的奥运事件，激发学生的民族自豪感；在体育比赛、体育活动中，引导学生树立集体意识，并加入握手、击掌、拥抱等互动性行为，培养学生友爱、礼貌、尊重他人等良好的体育品德。

高中阶段是身体发展的定型阶段，学生的身体素质明显比中学阶段强，逻辑和抽象思维能力逐步占主导地位。在体育教学中，教师向学生传授运动技能的同时，可适时融入与体育相关的人物、历史等内容。如：在排球课上讲述女排精神，通过榜样的力量，培养高中生的拼搏精神；在跳高、跳远等运动中，引导学生互相保护，培养学生的合作精神；指导学生在实践课特别是比赛过程中学习相关体育规则，让学生增强对运动规则的理解，树立规则意识。

体育课程思政对中小学学生良好的身体素质、道德品质，以及爱国精神、高尚人格、顽强的意志品质的养成都具有极大的价值。学校应构建中小学体育课程思政建设一体化模式，确保每名学生在每个阶段身心健康发展。

（二）体育课程与思政教育融合的意义

将思政教育融入体育课程，对于学生身体素质的提升和课堂教学质量的提高有着重要作用，学生在体育锻炼中可以形成良好的体育精神和竞赛品质。

1. 有助于贯彻思政工作会议精神

体育教学可有效促进学生身心健康发展。将思想品德教育与体育技能教学进行有效的融合，也是落实"立德树人"任务的有效途径。对于学校开展体育课程与思政教育融合必须给予高度重视，正确地理解其中的内涵，要求全体学科教师要在教学中积极开展育人工作，以此将德育教育与学科教学进行全面的融合，这样才能将教育的作用和价值充分体现出来。在这一理念下，学校体育教师要格外重视课程思政的落实，采取有效手段促进体育课程与思政教育的全面融合，在提高学生体育素养的基础上，确保学生具备良好的道德品质。近几年，我国各级学校对学生的运动技能、运动参与、身体健康等目标的落实也越来越重视，但是对于学生思想引导和心理教育方面却并未给予高度重视。对此，基于当前教育环境，课程思政在体育课堂中的落实成为了目前贯彻全国教育大会精神的根本需要。

2. 有助于培养高素质体育人才

在新时期环境下，我国教育部门要求学校必须充分发挥自身的职能作用，在推进教育改革的同时明确人才培养目标和教育发展方向，为中华民族伟大复兴中国梦的实现做贡献。因此，有效落实体育课程教学和思想政治教育的有机融合，不仅能够全面贯彻落实党的教育方针，也能为社会培养更多的高质量体育人才。

3. 有助于推动体育教学改革

体育教学在当前教育工作中占据重要位置，发挥着不可忽视的重要作用。一些教师由于在思想观念上对体育教学存在一定误解，在体育课堂教学中习惯运用传统落后的方法和手段，只关注学生体育理论知识的积累和体育运动技能的提升，完全忽视对学生体育精神和体育品格的培养，因此并没有深入挖掘其中蕴含的思政元素。习近平总书记指出："体育强国梦与中国梦息息相关。"新时期的体育教学不仅要关注知识和技能的传授，更要考虑学生身心健康发展和意志品格的养成。由此可见，体育课程教学与思想政治教育的融合，不仅能够促进学生思想政治教育的落实，对于促进新时期体育课程教学的改革与发展也有着重要的现实意义。

4. 培养学生的爱国主义精神

近年来，我国承担的各项国际性体育赛事，极大程度提升了我国的国际形象。每一名优秀运动员所取得的成绩，一方面源于自身不断的拼搏与努力，另一方面离不开幕后大量工作人员的共同努力。换言之，运动员所取得的成功是个人努力与集体合作的共同成果。在体育教育中，这些典型事例具有很高的思想政治教育价值。在一些团体对抗类运动项目中，学生之间不可避免地会产生一定摩擦，而这些摩擦恰恰是融入思想政治教育的最佳时机。体育教师可以介绍优秀运动员及背后团队的典型事迹，增强学生的集体主义精神。同时还可以通过举反例的方式，让学生意识到我国体育事业发展中尚存在的问题，并了解我国体育事业发展至今付出的艰辛与取得的成就，有效培养学生的爱国主义精神。

5. 通过体育运动培养学生顽强拼搏的精神

当前很多学生缺乏顽强拼搏的精神，遇到困难容易陷入情绪低落的状态，对未来职业发展造成了一定负面影响。体育教师需要根据学生身体发展的规律，鼓励学生通过体育锻炼增强身体素质，同时培养拼搏精神，增强面对困难时的韧性。例如，当学生在进行 800 米或 1000 米跑时，很多学生会因疲惫而采取慢跑的措施。教师需要告诫学生克服疲惫感，不断挑战自身的极限，坚持跑完全程。同时，还可以引入优秀运动员面临失败时采取的对策，让学生直面困难并勇于挑战困难，让学生在体育锻炼的过程中实现自我超越。

6. 通过体育课程培养学生的团队合作精神

体育运动具有很强的竞争性，同时体育精神也是在不断的对抗竞争下形成的。竞争与合作密不可分，在体育教学中，虽然体育的竞争性有所下降，但却更加注重同学间的团队合作。尤其是在足球、篮球、羽毛球等球类运动中，学生能否有效沟通、团队协作，是影响比赛结果的重要因素。在体育教学中，应积极开展竞赛式的教育模式，并定期开展院系级、省市级的体育竞赛，让学生在体育竞赛中加深对团队合作的理解，增强集体荣誉感，促进学生竞争精神和合作精神的发展，为学生未来职业发展起到基础性作用。

7. 通过体育竞赛培养学生的规则意识

为确保体育比赛的公平性，每项体育运动通常具有严格的规范与准则，运动员不遵守规则会按照预先规定的惩罚措施进行惩戒，运动员必须服从裁判的决策，而裁判也受到运动员、教练和观众的监督。学生参与体育竞赛，能够通过接受竞赛规则的约束，不断培养规则意识，坚持公平竞争的基本理念，在规则允许的范围内选择相应的对策来取得比赛的胜利。同时，在竞赛中体现出的"友谊第一，比赛第二"原则，也能够帮助学生养成胜不骄、败不馁的精神，有效磨炼学生的意志力，不断强化学生的规则意识和竞争品质。

8. 通过常规课程培养学生的诚信精神

诚信精神是学生立足于社会的根本，对培养学生正确的行为规范具有重要的现实意义。在体育教学中，可以将诚信精神教育与常规课程相结合，通过引入真实案例的方式，让学生在接受教育的过程中不断形成诚信精神。例如，体育课上要求学生穿运动服和运动鞋，但偶尔会有学生以各种借口穿其他种类的衣服和鞋子。此时教师应进行诚信精神教育，鼓励学生说实话、做实事，直面并不断纠正错误，让学生意识到诚信精神对个人发展的重要作用。与此同时，在体育活动中可以融入诚信精神教育，如针对体育考试替考、抢跑等行为，教师应及时纠正并进行教导，从而对学生起到警示作用。

9. 通过体育科技教育培养学生的科学精神

现代体育在不断探索人类体能极限的过程中应用了大量科学知识，已经逐渐形成了完善的理论体系，成为覆盖生物、材料、电子等多学科的学科体系。体育教育不仅需要培养学生的运动技能和身体素质，还需要一定的体育科学知识，帮助学生形成对体育学科的初步认识。在这一过程中，教师应讲解体育学科发展的前沿知识，并列举如鹰眼技术、鱼皮泳衣等高新技术在体育领域的实际应用。这些高新技术能够帮助运动员取得更优秀的运动成果，在科学知识的灌输中，学生的科学精神也能得到同步提升，能够对学生的科学探索意识产生潜移默化的影响。

10.通过体育运动培养学生的审美能力

现代社会中，审美病态、扭曲问题日益严重，很多学生偏执地追求以瘦为美，导致部分学生长期受病痛的困扰。在体育运动中，教师应引导学生感受力量和肌肉之美，帮助学生形成正确的审美观，改变审美偏好对身体素质的负面影响。与此同时，还应通过审美能力教育进行价值引导。如在太极拳等运动项目中，教师应引导学生关注自身对运动美感知的转变，使学生在正确认识自我的过程中转变既有态度，达到身心和谐发展的目的。

（三）体育教学与思想政治教育的发展现状及存在的问题

体育课是体育教育的核心形式，主要是为了使学生掌握相应的体育和保健知识，掌握具体体育技能和技术。思政教育则是学校通过相应的手段对学生进行有计划和有组织的政治影响，使其成为符合社会发展需求并具有高尚品德的人才。从体育角度分析，体育和思政教育间的关联性不大，但经过深入分析后就能发现，在体育教学中可以充分应用体育训练活动强化学生的整体思政水平，培养爱国情感和集体观念，促进学生全面成长。

现阶段，一些学校体育教学中不同程度存在着忽视德育的倾向，主要体现在将提升运动技能和强身健体放在了核心位置，把思政教育放在了次要位置，无法看到两者之间的制约和促进关系。究其原因，主要在于没有全面认识体育教学的目的和任务，同时教学思想中存在急功近利的问题。相对来说，强化学生体能和体质，提升运动水平在短期内能够看到效果；而思想品质培养周期长，见效慢。这就导致出现了注重体育教学成果，忽视育人目标的情况，长期下去势必会使教学质量受到影响，不利于人才培养。

1.融合意识不强

在当前体育教学中，教师并未充分意识到开展思政教育的必要性，再加上教育边缘化的影响，极少主动挖掘教材中的思想意识内容，无法充分了解体育教学中的思政价值，教育理念滞后性较为严重，体育精神和德育精神发展受限。这就导致在实际教学中缺乏对学生的有效教育和引导，即便学生在教学中出现了思想和行为偏颇，教师也无法实施有针对性的纠正和管理，致使体育教学无法起到相应的思想教育作用，影响到了教育工作本质的实效性。另外，由于体育教学把重点放在了技能教育上，并未形成系统化的教育体系，导致教育全面性受到影响。虽然大部分学校推行了一系列教育改革措施，但却无法具体落实，影响了学生的学习和进步。

2. 教育方式较为单一

体育运动中涉及大量规则和监督内容，所以必须给学生营造公平公正的学习环境，让学生自主参与体育锻炼。而要想在体育教学中渗透思政教育内容，就要有效利用教育元素，注重学生性格发展，采取有针对性的指导措施。但是在实际落实中，学科教学思政教育都是以单纯说教为主，很多教师都采取单一化的灌输模式，忽视了学生在课堂上的主体作用，致使体育教学三维目标无法落实到位。还有一些教师甚至没有依照体育教学特点进行思想融合，而是把两者直接分离，不但影响了体育教学优势的发挥和展现，还使得思政教育的作用发挥受到限制。

3. 教师能力欠缺

体育教师的课程思政理论基础薄弱。体育课程思政建设不同于传统体育课程教学，需要将衍生的思政教育功能有机融入体育课程思政教学改革体系中，而这一有机融合的过程需要体育教师在立德树人根本任务下充分发挥创新、创造精神和集体智慧，坚持遵循立德树人中"全员育人、全程育人、全方位育人"的"三全育人"要求，不断更新体育思政教学理念，以此增强体育思政教学的动力和活力，达到以德立己、以德立教、以德立行的教育目的。然而，多数体育教师入职前经历了长时间的运动训练，文化课基础相对薄弱；入职后，他们主要从事体育教学、训练和比赛任务，工作较为繁重，导致对体育思想政治教育的认知程度不足、探索深度不够，缺乏提炼和总结体育领域中思政教育核心要素的能力，体育思政元素融入体育教学的能力不足，从而制约了体育课程思政教学改革。

教师缺乏课程思政意识。当前绝大多数的专业课教师都对课程思政存在认识上的偏颇，体育教师也是如此，认为思政教育工作的实施应该由学工部、宣传部和思政部等部门来完成，而并非体育教师的任务。他们习惯性认为自己的工作任务主要是探寻更多高效的教学方法，应该将自身的精力放在专业知识的讲授和学生体育技能的提升上，将课程思政作为可有可无的内容，完全推卸了自身应该承担的育人责任，导致课程思政教学理念严重缺失。这样的教学意识，完全忽视了学生素质教育的落实，导致体育课程和德育教育相脱离。其中体现出来的问题不仅是教师教学理念上的落后，还有教学内容上和方法上的错误，不利于学生知识技能的积累和良好品格的锤炼。

4. 教学内容缺乏新颖性

从理论角度来看，虽然已经有了很多思政教育和体育教学的结合，但在实际落实过程中存在着结合度不高的问题，影响教学效果的因素并非理论的深度性和理论的针对性，而是受教学内容科学性及体育教学是否向着思政教育方向发展等因素的影响。

实际上，一些学校开展的公共体育课程内容整体都比较枯燥，学生在学习中出现了积极性不高的问题。比如，一些教师在上课前15分钟讲解体育技能技巧，再用15分钟进行示范讲解，剩下的时间让学生自主训练，同时还加入了考试和测验等环节。但这种教学模式取得的效果并不明显，学生学习主动性依然不强，更无法从参与体育锻炼到思想层次的提升。

5. 没有挖掘体育课程育人资源

体育课程中蕴含丰富的育人资源，要想促进新时期学生德智体美劳全面发展，教师必须有意识地深入挖掘体育课程中有价值的育人资源，从而实现价值观教育和知识技能教育的完美结合，也只有这样才能充分发挥课程的育人功能。但从当前的实际情况来看，大多数教师在开展体育课程教学的时候并未意识到这一问题的重要性，对于体育课程内容的系统梳理和育人资源的深入挖掘明显不够，仅仅关注体育学科教学的重要性，往往将精力放在体育知识和技能方面的教学与探讨上，在工作中严重缺乏"育人"精神，认为只要讲清了关于体育学科的知识点便算完成了工作任务，并未意识到学生三观的养成和引领。除此之外，还有一些教师在开展体育课堂教学的过程中，并未做好政治教育和学生价值观教育的渗透，不仅影响了体育课程育人功能的发挥，同时还影响了新时期学生综合素质的提升。也有一部分教师虽然意识到了课程思政的重要性，但是在开展体育课堂教学的过程中采取的手段较为落后，对于思政教育和体育教学的融合没有进行深入的思考与探究，尚未构建起完善的课程思政教学体系，缺乏有效的整体性设计，对此还需要不断进行深度的挖掘和探索。

（四）体育课实施课程思政同向育人的可行性

中共中央、国务院印发的《关于加强和改进新形势下高校思想政治工作的意见》指出，"充分发掘和运用各学科蕴含的思想政治教育资源"。体育课作为学生的必修课程，蕴含着独特而丰富的思想政治教育元素和德育资源，具有较强的思想政治教育功能。因此，在体育课上实施课程思政同向育人模式，不仅有利于提高学生的道德素质，而且对提高学生的综合能力水平起着重要的作用。将课程思政理念融入贯穿于体育课教学改革之中，深化体育课的育人目标，有利于构建和培养学生正确的世界观、人生观和价值观。

1.体育课独特而丰富的思想政治教育元素和德育隐性资源

体育课本身蕴含着独特而丰富的思想政治教育元素和德育隐性资源，同时体育教学活动中培养学生的运动技能和增强学生体质健康与思政教育在很多方面殊途同归。体育竞赛活动中运动员追求更快、更高、更强的体育精神，体育比赛中的礼仪、形式，有助于学生养成文明礼貌的习惯和长幼有序的规矩意识。团队体育竞赛中正确处理与他人的合作竞争关系、正确处理个人与集体的关系，有利于培养学生的进取精神、集体主义精神和团队合作意识。通过体育竞赛活动，培养学生胜不骄、败不馁的态度，同时，在比赛中对学生进行不同位置的任务分配、不同战术的协调配合，进行责任意识渗透。体育文化中倡导的身心和谐发展、健康养成的理念及乐观向上、积极健康的生活方式等都包含独特而丰富的思想政治教育元素和德育隐性资源。

2.体育课同思政教育在育人本质上具有同一性

在指导思想层面，我国的学校是社会主义性质的学校，人才培养首先要坚持以马克思主义为指导思想的根本价值遵循。学校体育课程教学理应坚持正确的政治方向，渗透马克思主义的思想精髓和科学内涵，遵循社会主义核心价值观倡导的价值理念，促进学生身心发展，增强学生的体质，并培养良好的道德和意志品质，培养学生担负社会主义建设和保卫祖国的历史使命。在体育教学过程中贯穿马克思主义的立场、观点和方法，渗透马克思主义中国化最新理论成果，这与思政教育在育人本质上具有同一性。在教学目标层面，体育作为高等教育的重要组成部分，在其中实施课程思政是落实高校体育教学目标的必然要求，也是新时期立德树人的有效途径和重要抓手。高校公共体育课目标中的心理健康目标和社会适应目标是对学生的心理健康、意志品质、爱国及集体主义提出的目标要求，与培养学生爱国主义精神和正确的世界观、人生观和价值观的思政教育目的一致。体育课具有学科自身的特点和属性，体育教师要善于挖掘体育学科丰富的育人资源，有效地将运动知识技能传授与学生价值观教育、科学文化素质培养和思想政治素养培育结合。使体育教师在锻炼学生的健康体魄和传授运动技能的同时，着力提升学生的人文素养和思想政治水平。体育教育同思政教育在育人目标本质上具有同一性，在育人效果上同向同行、形成协同效应。

3. 从疫情控制谈制度优势——体育的制度自信

2019 年 12 月 8 日武汉首次公开通报发现不明原因肺炎病例，2020 年 2 月 11 日（日内瓦时间），WHO 把该病命名为 2019 年新冠肺炎（corona virus disease 2019，COVID-19）。此次疫情来势汹汹，传播速度快、感染范围广、防控难度大，但党中央和国务院迅速反应并采取有效的防控措施，全国人民贯彻"坚定信心、同舟共济、科学防治、精准施策"总要求，构筑起同心战"疫"的坚固防线，在短短几个月内取得重大成果，充分体现了中国特色社会主义制度的优越性。

体育事业的发展方向和目标取决于社会制度，体育制度的类型取决于社会制度的类型，体育事业的发展速度和规模取决于社会运行的状态。因此体育的发展是服从和服务于社会的发展的，由此引申出体育制度自信。

我国社会主义制度集中力量办大事的优势，在新中国成立 70 多年、改革开放 40 多年来的实践中反复得到印证。我国体育体制——举国体制，在历史上曾淋漓尽致地体现了集中力量办体育的功能，让我国从旧中国一片废墟的基础上迅速成长为"体育大国"，在国际体坛占据举足轻重的地位。北京 2008 奥运会之后，我国竞技体育、学校体育、社会体育、体育产业都取得了长足的进步。由"体育大国"向"体育强国"迈进。

从我国疫情防控工作可以看出，面对新型病毒，防控措施离不开先进的科学技术，但仅有此远远不够，还必须具备有效的管理与制度，才能充分发挥技术的作用。只有在中国共产党的领导下发挥中国特色社会主义制度优势，彰显集中力量办大事的政治优势，才能有效防控疫情，这体现了制度自信。在中国特色社会主义制度思想的引领下，我国体育制度一定能使中国朝着体育强国迈进，实现体育强国梦。

（五）中小学体育课程思政建设实施途径

1.坚持党的领导，强化顶层设计

《关于深化新时代学校思想政治理论课改革创新的若干意见》等文件明确指出，课程思政是学校各单位和所有教师的共同责任。2018年9月，习近平总书记在全国教育大会上强调，帮助学生在体育锻炼中享受乐趣、增强体质、健全人格、锤炼意志。因此，作为中小学体育教育的实施主体，各学校要建立起以党委领导班子统筹协调、学校职能部门协同联动、体育部（组）主导推进、体育教师具体落实的工作格局，并在机制、政策、资源和经费上给予充分保障，确保顶层设计的系统性和可操作性。

首先，学校党组织应积极创新思政课活动内容，如在每年的中小学运动会、体育节的开幕式上展示新时代中国特色社会主义发展历程；以班级方阵为主力军，展示学生思政风采；将学校教职工党员纳入方阵，走在所有班级方阵前，起带头作用；营造浓厚的校园思政文化，将思政课堂从教室搬到操场。其次，在学校运动场馆添加思政元素符号，如在场馆最显眼的地方拉上体现体育精神的横幅，要求体育教师在课堂上讲解相关体育精神，让思想政治教育潜移默化地影响学生。最后，将体育课程思政建设成效纳入学校领导班子各类考核中，构建党委、校领导、教师一体化的监督与评价体系。

2.引入先进的教育思想

在学校教育中需要充分分析专业课程，找到潜在的思政元素及承载的教育功能，以此在教学的各个环节中充实教学内容，把思政教育优势发挥出来，实现体育教育和思政教育的融合发展。

对此，在体育教育中，应当从体育教学内容着手，找到与思政教育的结合点，树立起人本思想和理念，真正把思政教育引入教学环节，建立起有效的教学模式，使学生感受到学习的乐趣，促进思政化发展。一是及时转变思想观念，与时俱进，认识到体育教学和思政工作对象的统一性及工作目标的相同性，进而把体育德育功能发挥出来，并渗透到实际的教学工作中，成为自觉行动。二是主动和学生进行互动，掌握学生的想法，在学生的兴趣爱好的基础上开展体育教学，因材施教，使学生从中受到更深的文化感染，树立起正确的学习目标。三是从行为品质方面着手，把道德行为和运动方法结合在一起，在提升学生思想认识的同时加强体育和思政教育的融合程度。四是落实教育转化工作，促使教育从约束转为教化，消除学生的错误认知，让他们从被动的学习状态中解放出来，以辩证、客观的态度对待体育学习。

3. 打造体育课程思政群

体育课程体系是中小学体育课程思政建设的核心，完整的体育课程体系包含课程目标、课程设置、课程内容、教学计划、教学方法、课程评价等元素。中小学体育课程思政建设要统筹体育课程体系，以便将思政元素贯穿其中。

学校体育具有思想引领、品格塑造、规范约束、精神激励、身心调适、审美熏陶六个方面的思想政治教育功能，各中小学体育教研组可根据学校体育在构建校园体育文化中的思想引领功能、在体育活动和体育赛事中的品格塑造功能、在体育锻炼中仪态展示的审美熏陶功能、在体育课程设置和活动安排中向学生传达体育项目名称和规则的规范约束功能、在运动会中因集体荣誉感而得到情感满足的精神激励功能、在体育活动后得到身心放松的身心调适功能等，有针对性地统筹安排，使思政教育元素与体育课程体系有机融合。如在课程目标设置中，把引导中小学学生形成正确价值观和品格放在和运动技能目标同等重要的位置；在课程内容设计中，加入体育规则讲解，促进中小学学生规则意识的培养；在制订教学计划时，注重对中小学学生的精神激励，帮助中小学学生形成正确的审美观；统筹体育课程体系，最大限度地发挥学校体育的思想政治教育功能。

按照"三全育人"理念，中小学体育课程思政建设应遵循全面融入、全体覆盖的总体思路，并充分发挥体育特有的思政育人学科优势，坚持将习近平新时代中国特色社会主义思想全面融入中小学体育课程思政建设，形成体育课程思政小、初、高全覆盖、不间断，积极打造"体育课主课堂＋课间操大课堂＋线上新课堂"三位一体的体育思政课程群组。

4. 优化教学内容，让课程思政贯穿体育教学全过程

一是把体育课和团结精神结合起来。使学生能从体育课中理解团队合作精神的重要价值，进而把团队合作精神融入学习和生活。比如，在球类运动教学中培养学生的集体至上和团结协作精神等。相比以往的教学方式，学生对集体主体的理解会更加透彻和生动，最终在提升体育运动的同时，促使思政教育实现高质量发展。

二是把体育课和健康心态结合起来。在体育课上，通过思政教育进行心理健康教育，能够在强化学生体质的同时，提升心理素质。比如，在队列队形练

习中培养学生的纪律意识和集体精神；在跳马教学中培养学生克服困难和勇敢果断的品质；在田径耐力跑中培养学生坚持不懈和拼搏到底的精神；在体育游戏中培养学生乐观、开朗和朝气蓬勃的性格。

三是把体育课和爱国精神结合起来。在体育教学过程中可以重点为学生介绍我国的体育发展历史，让学生明白我国体育发展的艰辛历程，由此激发爱国情感，强化体育思政教育价值。

四是积极建设和发展体育文化。体育文化作为思政教育的重要载体，需要通过运动场地、体育设施等客观环境营造良好氛围，并针对项目内容进一步建立运动环境，满足学生的训练要求。比如，在实际建设体育文化的过程中可以举办校园运动会，号召全体师生参与进来；同时让学校中的一些和体育运动相关的社团也参与进来，积极开展比赛，以此给学生提供更多体育活动参与渠道，从而在参与过程中加强思政融入。

只有充分了解体育课程思政的特点，才能将体育课程思政贯穿中小学体育教学全过程。"融入"和"挖掘"思政资源，是体育教学思政的两大特点。

融入式，即在体育教学中融入与体育课程相关的体育人物和事件，如奥运冠军、体育历史事件、体育发展历程等内容，是体育之思想教育。如，根据小学生对理论理解能力不足但感性能力强的特点，利用翻转课堂向小学生讲述体育知识，提高小学生的体育兴趣；根据中学生具有强烈求知欲的特点，引导中学生了解相关体育历史事件，在理论课上播放体育电影或纪录片，分析其中蕴含的体育精神；教师可以在专项课程中融入女排精神等体现思政元素的体育精神。

挖掘式，即挖掘专业课程知识或体育技能中蕴含的历史、精神品质等思政元素。体育教师可以在运动技能教学中，挖掘某运动项目蕴含的思政元素。如在武术课教学中，挖掘刻苦拼搏、弘扬中华民族优秀传统文化、团结协助的思政元素，挖掘跆拳道之礼仪、篮球之团队精神等。

在体育教学中，包含大量的体育技能训练项目，且总体教学目标包含培养学生"终身体育"的思想意识、良好体育运动习惯的任务，促使学生发展成为敢于拼搏、上进的新时代青年人才。为实现这一目标，就需要在体育课程教学中引入课程思政元素，持续加强对学生拼搏进取精神的培养力度。例如，在排球技能的教学活动中，教师可以通过分享电影《夺冠》片段、女排比赛精彩视频集锦、讲述女排故事等方式，引领学生深刻感悟"祖国至上、团结协作、顽强拼搏、永不言弃"的女排精神，并调动学生展开排球技能学习与练习的积极性，实现课程思政与体育教学的融合，在深化体育技能学习的同时，引导学生树立拼搏进取的精神。

教学中可以重点引入小组合作教学活动。展开小组合作式的教学活动是实现课程思政与体育教学融合的重要手段，依托多样性小组合作活动的落实，能够在丰富体育教学活动内容的同时，强化学生的团队合作意识与能力，促使学生树立集体意识。例如，在体育技能教学中，可以采用团队练习、比赛的方式，让学生以小组合作的方式完成课堂活动，还可以组织团队技术考试、课外体育项目联赛等活动，以此强化学生的体育技能、规则意识，并更好地培养学生的团队凝聚力、勇于拼搏等素养。

依托规则设定强化学生的法治观念。体育活动需要在一定规则的约束下展开，以此实现对体育比赛公平性的维护；个人、集体的行为也要在国家法律法规允许的范围内进行，以维护社会和谐。从这一角度来看，课程思政视域下，体育课堂教学必须注重强化学生的规则意识，以此达到增强学生法治观念的效果。在实际的体育课堂教学活动中，教师要重视实践，以比赛、考核的评判标准来引导学生树立牢固的规则意识。例如，教师在组织体育比赛活动时，必须提前设定合理的比赛规则，并在活动中担任裁判的角色，结合规则内容公平地处理所有在比赛中发生的矛盾与纷争，以此深化学生对"规则"的认识与理解，使学生潜移默化地形成良好的规则意识。教师还可以结合体育热点事件，如向学生讲述"男子20公里竞走名将谢尔盖·莫罗佐夫因违反'反兴奋剂规定'遭终身禁赛""美国游泳选手德约尔因兴奋剂被禁赛"等真实案例，更好地实现对学生法治观念的培养。

5. 重视言传身教，创新教学方法

身为新时期的体育教师，在体育课堂教学中，在对于学生思想品德的教育渗透中，必须要意识到自身言传身教的重要性。教师要不断加强学习、不断进步，努力提升自己的专业业务能力和职业素养，培养正确的价值观念和精神品质。同时，在教育学生的过程中要始终坚持先提升自己、然后再去教育学生的原则，在课堂教学中积极向学生传递先进的思想文化，讲述中国共产党的伟大历程和英明决策；要善于借助各种资源来提高自身道德品质和文化素养。

要根据实际情况对教学内容和教学方法进行优化与创新，确保思政教育内容深入到学生的心中。通过对体育课程进行分析可以发现，眼下多数体育课都是在室外和较为开放的环境中进行的，这样造成的结果就是学生参与度并不高。对于这一问题，教师要对教学方案进行全面设计和研究，并积极地将思政元素融入其中，以此将体育课程的育人作用充分发挥出来。

例如，在上课前认真整队，与学生互相问候，形成良好的礼仪习惯；在领取体育运动器材的过程中，引导学生懂得爱护运动器材，使用完要及时归还，不能占为己有，也不能损坏物品，这样可以让学生慢慢养成爱护公物、诚实守信的良好品质；在组织学生学习篮球和排球等项目时，让学生以小组为单位进行学习和训练，使学生在这一过程中懂得如何交流和互动，如何互相帮助、互相启发。此外，也要善于运用案例教学法和情境教学法来营造良好的课堂教学氛围。如通过讲述一些富有感染力的体育名人故事，或者身边的典型示范来对学生进行精神价值的引领和道德品质的教育；又如在进行乒乓球和羽毛球的教学中，可以为学生讲述我国奥运健儿在比赛中艰苦夺冠的故事，正确传递奥运精神，自然而然地实现体育课程教学和思想政治教育的无缝对接，从而达到润物无声的效果。

通过体育故事融入思政。很多体育教师在开展教学活动时，不知道该从何处入手融入思政。事实上，体育教学中蕴含很多有关思政方面的内容，像团结、协作、奋斗、励志、坚持等。教师在教学中可以通过讲述体育故事的方式融入思政，如中国篮球运动员姚明的故事经历等，在一个个小故事中充分体现大道理。对于学生来说，耳熟能详的体育人物故事很容易吸引其注意力，并且很容易体会故事中蕴含的道理，并对这一人物产生崇敬之情，将其作为自己学习的榜样。长此以往，不仅可以促使学生形成良好的思想道德品质，同时还可以促使学生树立终身体育意识。另外，教师在通过体育故事融入思政的过程中要注意，并非讲述完体育故事就代表完成了思政融入，还需要充分激发学生的主体作用，在完成体育故事的讲述后，教师应该组织学生对这一故事展开讨论，让学生大胆地说一说自己的想法和体会，以此进一步深化学生的学习感受，促使学生更加深刻地理解和体会其中蕴含的思政内涵。

开阔和创新体育教学方式。现阶段学校体育教学中无法深入渗透思政教育的主要原因就在于体育教学渠道过于狭窄，教学方式较为单一，学生无法从这些教学中开阔思维和向着思政教育的方向发展，也没有给教师留下空间进行教学发挥，导致公共体育教学和思政教育之间融合困难。对此，教师不应局限于原先的教学方式，应该与时代发展联系起来，创新教学方式。

在体育教学中，有些体育精神元素和思政教育强调的精神内涵是完全一致、一脉相通的，可以作为基本切入点，不但要做好示范讲解，还要渗透思政内容，在结合生活哲理的同时帮助学生认识体育和思政的关系。比如，在开展对抗和竞争性教学的过程中，教师应当根据学生心理特征，在学生掌握相应的体育运动动作要领后开展该项目竞赛，让学生自由结合小组训练。如针对球类运动中学生好胜心过盛及自我表现意识过强等情况，应该向学生重点强调团结协作和集体作战的重要性，并结合球类比赛犯规和发生冲突的问题，使犯规者意识到这种行为是不文明的，从而强化学生文明礼貌、遵守规律的思想品质。

6. 提高教师的育人能力

教师是课程教学的组织者，是正确思想的引领者，更是体育课程思政建设的核心。在课程实践中，体育教师往往较重视运动技能教学，忽视体育育人功能。中小学体育教师要摒弃传统教学观念，深入了解体育课程思政的内涵与本质，明确体育课程是以传授运动技能为基础并超越于此的体魄教育和体育精神培育过程，自主加强思想政治理论学习，遵循体育行为规范，形成正确的体育价值追求和精神风貌，为中小学体育课程思政建设添砖加瓦。

体育教师良好的言行和师德修养是体育课程思政的重要内容，教师要引领学生养成健康卫生的生活习惯及经常参加体育锻炼的习惯，要根据教学中各体育项目的特点进行课程思政。田径类项目可以培养学生吃苦耐劳的精神及挑战自我、顽强拼搏的意志品质；球类项目培养学生团结协作的精神；武术可以培养学生正义、果敢的精神；体操类项目可以培养学生良好的行为规范。教师以中国体育精神、体育名人、体育历史事件引领学生树立强大的民族自信心和自豪感，培养他们的爱国主义精神等。

强化对学生爱国与敬业意识的培养。对学生的爱国与敬业意识展开培养是课程思政背景下体育教学的重要教学任务，以此推动学生培养正确、健康的政治素养及思想道德价值观念，促使学生发展成为新时代青年人才，并在今后的工作、生活中积极参与国家建设，实现人生价值。为了实现这一目标，教师可以在课程教学中引入运动员为国争光的事例，结合奥运会比赛集锦视频等资源的展示，在强化学生民族自信心、民族自豪感的同时，持续调动学生的爱国思想意识。在此基础上，适当展示运动员日常刻苦训练的视频，结合他们在比赛中获取优异成绩的视频，以此达到培养学生爱岗敬业精神的目的。

另外，在条件允许的情况下，教师还可以利用课上前 5 ~ 8 分钟的时间开展系列活动，运用历史图片讲述不同时期的名人体育故事，设置内容包括"中国红色体育""中央苏区的体育运动""延安时期的体育故事"，以及毛泽东、周恩来、朱德、邓小平等老一辈无产阶级革命家热爱体育的故事，激发学生的爱国之情。

各中小学要加强体育教师队伍建设，并形成老、中、青三级教师梯队，保持教师的活力。首先，要创造条件、加强保障，完善奖励机制，以提高中小学体育教师参与体育课程思政建设的主动性。其次，要实施体育教师思政核心素养提升工程，形成集理论学习、集体备课、实践考察、技能提升、教学创新、教学竞赛为一体的提升工程，定期安排体育教师参与国家级、省级、市级骨干教师培训与竞赛。最后，优化体育教师队伍，形成以体育教师为主、以校党委领导为辅、以行业优秀代表为特色的多元师资体系，并定期邀请相关思政教学专家进学校，为体育教师提供体育课程思政建设专业指导。

思政教育主体支配和主导着思政教育的客体、环境等因素，对思政教育各要素相互关系的形成与发展发挥着重要的决定作用。所以，学校体育教师在开展教学活动的过程中要做到为人师表，即具备良好的思政素养。

一是学校应该加大体育教师思政理论培训，使用"走出去"和"请进来"的形式不断提升体育教师的思政素养；二是体育作为一门具有极强实践性的学科，不同运动项目带给人的感受都是有差别的，因此思政教育的目的往往也不尽相同，这就需要定期进行培训和讲座，加大教师思政方面的实践培训，强化教师依照相关项目特点、结合不同场景对学生进行德育教育的实践能力，使课程教学变得更具针对性和亲和力；三是通过精品课程申报和评选等方式，强化教师融合多项学科及创新能力的教学能力。四是注重教学质量评价，鼓励教师精心准备课程教学的各环节，注重学生的个性化需求，通过严格的考核和纪律来提升教师的思政素养。

7. 完善体育教师教学评价标准与学生量化标准中的思政教育标准，健全体育课程思政综合评价机制与联动机制

体育课程建设评价的首要标准是学生培养成效，师德师风是评价教师队伍的首要标准。学校必须考虑建立健全科学有效、适合学校自身的体育课程思政综合评价机制，评价要素力求做到多元、多层、动态，在实践中不断检测、评估和调整。首先，体育课程综合评价体系包含教育过程评价、教师评价、学生评价、同行评价和专家评价，在现有综合评价基础上融入课程思政的测评指

标，增加教师评价和学生评价的思政教育标准，有助于实时掌握体育教师的思政教学效果及学生的思想动态状况，综合评价结果可以不断完善体育课程思政教育模式的可操作性、实践性及科学性。其次，构建学校体育课程思政建设联动机制，可以实现优秀学校体育课程思政资源共享，推选体育课程思政建设先进经验和标杆典型，有利于学校体育课程思政建设的互通有无、沟通交流、分工协作，加大体育课程思政建设优秀教师扶持力度，最大限度地激发教师潜力，营造积极开展体育课程思政建设的良好氛围，推进学校体育思政建设。

8. 加强与促进各级部门之间的交流与合作

基于当前课程思政教育背景，要想有效推进体育课程和思想政治教育的融合，学校方面必须要予以高度重视，结合实际建立完善的教育体系，促进部门之间的沟通与合作，打造课程思政教育长效机制，将思政教育的积极作用充分展现出来。在这个过程中，学校不仅要做好课程思政的宣传工作，让学生认识到思想政治教育的价值，也要让全体教师明白这一举措的重要目的，从而有效吸引师生积极参与。要做好教学部门之间的沟通与交流，立足于课程思政教育理念，制定完善的教学体系，从多方面促进体育课程教学和思想政治教育的有机融合。

总的来说，德育教育越来越受到人们的高度重视，在这种教育环境下，学校学科教学和思想政治教育的有效融合，成为了新时期学校教育发展的必然趋势，也是培养更多高素质人才的有效途径。对此，新时期的体育教师必须予以高度重视，深挖体育课程教学中的育人资源，根据学生的实际情况和道德素质水平，结合体育教学的根本需要，做好课堂教学的创新与优化。采取多样化手段促进思想政治教育和体育教育的有机融合，让所有学生都能实现健康、全面的成长与发展。

体育是学校教育教学中的关键组成部分，而加强学生思政教育是体育课的重要任务，也是提升体育教学品质的关键环节。在体育教学中开展思政教育能够促使学生形成良好的道德素养，对思想品质、审美素养及智力发育等都具有极大的促进作用。这就需要体育教师掌握学生的基本意识、思想和情感特征，遵循体育教学和思政教育的基本规律，将德育工作完全渗入到体育教学之中，确保学生在强身健体的过程中还能够形成良好的道德品质。

实践证明，热爱体育运动的学生更具有阳光健康、激情活力的精神气质。体育教学中的教学方法与练习手段、体育训练的长期性与系统性、体育竞赛蕴含的内生价值等，都是体育课程思政建设的素材库，可以充分发挥体育课的育人价值和育心功能，提高体育教育思想教化功能，在体育实践中提升学生思想政治素养和人文精神。然而，当前学校教育往往忽视了学生人文素养教育，体育课程思政改革要加强文化载体建设，加强学生人文精神教化，培养学生责任担当、对体育美的品鉴、对输赢胜负的态度、对规则的敬畏、对对手的尊重、对队友的包容等心理品质，使学生成为不仅具有渊博专业知识和正确的体育观，更具备健全人格、健康身心的德智体美劳全面发展的新时代人才。

三、思想政治教育与美育

思想政治教育与美育是学校教育中的两个重要方面。当前教育受到了功利化、空虚化、自由化的影响，传统的思想政治教育无法适应社会现状，知识传授走不进学生的内心。这就要求学校将美育融入思想政治教育，并贯穿全过程，引领学生心灵向善、人格美化，巩固学生明辨是非的能力，增强自身审美能力，重建人文精神与人文关怀，提升思想政治教育效果。

（一）美育

美育是素质教育培养学生全面发展不可或缺的教育，又称为审美教育，是认识美、鉴赏美、创造美的能力的教育。18 世纪德国著名哲学家、美学家席勒第一次提出了"美育"的概念。中国首次提出美育、倡导美育的是近代思想家蔡元培。他提出"以美育代宗教"，并在主政北京大学时期开设、讲授美育课程，为我国美育事业的发展奠定了基础。

新中国成立后，我国一直努力倡导美育。党和国家对美育工作给予高度重视，将美育作为立德树人、培根铸魂的事业，列入国家教育方针。1996 年开始，国家教委就持续出台相关文件，规定学校要加强和改进美育办学条件，开设美育课等。

当前，国家高度重视学校的美育工作，做出一系列重大决策，精心部署，进一步实现立德树人，提高学生审美及人文素养。新形势下，国家在政策体系、育人导向、教育教学、资源保障、推进机制、品牌项目等方面对美育工作提出了新的定义和新要求，2020 年 10 月，中共中央办公厅、国务院办公厅发布了《关于全面加强和改进新时代学校美育工作的意见》（以下简称《意见》）。习近平总书记高度重视，《意见》要求坚持美育育人机制，强化美育实践体验，将美育作为立德树人的重要载体，贯穿教育全过程，凸显全方位育人的育人导向。

（二）思想政治教育

思想政治教育是学校培养人才的重要内容，根本任务是培育社会主义"四有新人"，即"有理想、有道德、有文化、有纪律"。承担着培养实现中国梦的人才的重任。当代青年学生作为承载国家和民族希望的一代，肩负着实现中华民族伟大复兴使命。他们思想观念新、创新欲望强烈、掌握先进知识，为实现中国梦提供了保障。

思想政治教育坚持立德树人的根本任务，通过对学生进行思想政治教育，培养理想和信念，提升综合能力，使学生今后能够成为德智体美劳全面发展的人才。国家高度重视学校思想政治教育，对学生思想政治教育提出了新要求，不仅要注重对中华民族优秀传统的继承和发扬，还要不断与时俱进，吸纳新的内容和方法。所以，找到适合的方法与途径展开学校思想政治工作变得尤为迫切。

（三）美育对学校思想政治教育的重要性

1. 思想政治教育融入学校美育课程的背景

美育指教师通过一些教学方法提升学生欣赏美、感受美、理解美、认识美、追求美的能力，这些能力的培养可以提升学生的思想品质与基本素养。中西方的教育工作者一直强调美育教学的重要性，美育可以让学生修身养性，保持理性、豁达的态度。美育也被认为是培养健全人格的基础教育，良好的美育有利于整个社会的和谐发展。

中国自古以来都有美育。传统的中国礼乐、《诗经》，就是通过诗歌的形式体现美，促进人性的形成与发展。新时代，中国的教育工作者强调美育日常化，从幼儿园时期就让学生通过文学、舞蹈、音乐陶冶情操，在教学过程中引导学生形成良好的三观，帮助学生全面发展。如今很多优秀的文化作品也无时无刻不透露着良好的美育内容，在日常生活中对青少年一代产生美育影响。

课程思政的核心是培养学生的社会主义核心价值观，激发社会主义情感，激发担当中华民族时代重任的奋斗精神。党的十九大报告明确指出，学校教育必须把思想政治教育作为重要组成部分来抓，要把立德树人作为中心环节贯穿整个教育的始终，贯穿知识教育的各环节、各领域、各学科。思想政治教育在培养学生的道德、价值观、专业能力、审美能力方面具有重要作用。

《关于全面加强和改进新时代学校美育工作的意见》要求，"弘扬中华美育精神，以美育人、以美化人、以美培元，把美育纳入各级各类学校人才培养全过程，贯穿学校教育各学段，培养德智体美劳全面发展的社会主义建设者和接班人。"学校要帮助学生在美育教学中提升审美素养、陶冶情操、温润心灵、激发创造创新活力。

通过政策导向，我们可以看到，课程思政建设和美育融入人才培养目标是教育的重要任务，在美育课程中融入思政内容是当前美育教育工作者要思考和实施的首要内容。

2. 美育是学生核心价值观教育的必要内容

学校核心价值观教育离不开美育的渗透。将美育作为核心价值观教育必要内容能够发挥催化、转化、感化作用，进而让学生更愉快地学习、接受、认可核心价值观的内容及体现出来的精神，让学生在审美自觉中充分认同并主动树立正确的价值取向。美育能有效激发学生积极主动践行核心价值观，提高学生核心价值观培育的实效性，形成完善的人格。

3. 美育融入核心价值观教育是国家发展需求

我国正处于实现中华民族伟大复兴的关键时期。在文化领域，实现文化强国需要群众思想道德建设、精神文明建设不断完善。正如习近平总书记强调的，做到春风化雨，润物无声，运用各类文化形式，生动具体地表现社会主义核心价值观，用栩栩如生的作品形象告诉人们什么是应该肯定和赞扬的，什么是必须反对和否定的。为进一步提升核心价值观教育的实效性，2015年党中央、国务院出台了《关于全面加强和改进学校美育工作的意见》；在2018年全国教育大会上，习近平总书记着重强调了美育的突出作用，提出要加强和改进学校美育工作，并强调全面提高学生审美素养和人文素养，这为学校美育发展提供了根本遵循，为学校美育改革发展指明了方向，开好了药方；2020年10月15日，中央办公厅、国务院印发《关于全面加强和改进新时代学校美育工作的意见》，指出要进一步深化并构建德智体美劳全面培养教育体系。核心价值观教育，说到底是为人的全面发展教育服务的，中华民族文化强国的实现必然要求将美育作为核心价值观教育的必要组成部分，这也必将对教育实效性起到极大的推动作用。

4. 美育融入核心价值观教育是德育发展需求

在较长一段时间内，我国进入轻人文重科学、轻实践重理论、轻德育重智育的"应试教育"误区，进而导致教育价值错位、教育理念缺失，培养出一些"经济人""技术怪胎"等"异化"的人，复合型人才产出较少。核心价值观教育是学校思想政治工作的主要内容，是广义德育中的内容。德育作为"五育"重要教育内容之一，在"构建德智体美劳全面培养的教育体系"中起着关键性作用，可以说德育教人为善、智育教人求真、体育教人健体、美育教人臻美、劳动教育教人懂本。美育缺失的教育是残缺的教育。美育能够健全心智、陶冶情操，能够有效处理我国教育存在的现实问题。美育能够以自由实践、生动形象的方式体现核心价值观展现的美，实现形式美与内容美相结合、动态美与静态美相结合，提高核心价值观教育的感染力与吸引力。

5. 美育融入核心价值观教育是学生自身发展需求

核心价值观教育是"扣好人生第一粒扣子"的关键因素。核心价值观教育之中美育这个"必需品"，不仅源自人的审美需求，也源自人的自我发展、自我实现的需要。在自我实现需求、审美需求的驱使下，人认识到生命可贵，从而不断增强生命质量，努力追求更美好幸福的生活。美育能够创造性地体现以美达善、以美怡情、以美启真的作用，进而在完成真善美统一的前提下，达到学生自我发展的目标。美育通过艺术化、多样化的方式，既能让学生通过愉悦的感受拓展眼界，促进德智体美劳有机融合，增强学生理论修养，也能启发他们的智力。在价值多元的现实社会背景下，学生的审美水平及审美能力亟待提高。美育能够让学生在认识美和创造美的过程中，逐步增强鉴别美、欣赏美的能力，尤其是鉴别和欣赏德行美的能力，能帮助学生维持心理平衡，通过发现美和鉴赏美，获得精神愉悦，进而净化情感、调节心绪。美育能使学生形成高尚情操，建立起积极向上的生活态度。美的事物通常体现积极的生命态度，在美好事物的感染和熏陶下，人能对生命的意义和事物的存在有独特视角的认识，进而陶冶情操、塑造美好心灵。

（四）美育与学校思政教育结合的作用

1. 促进学生健康成长

美育和思政教育对于促进学生全面发展都有着重要作用，将二者合理融合能够进一步强化对于学生的积极作用。美育能够让学生更加深刻地认识客观事物，明白事物内部的发展性和相同事物的联系性，让学生更好地掌握事物的发展规律，从而更加科学、合理地处理生活中遇到的问题，成为一名懂得真善美、拥有真善美的新时代青年。同时，美育能够促进学生的健康发展，帮助学生树立正确的世界观、人生观、价值观。此外，美育还能够提高学生的审美意识与审美标准，从而让学生在学习和生活中更多地感受美，培养学生积极乐观的心态。在美育不断加深的过程中，学生可以更加深刻地理解思政教育内容，明白思政教育的必要性，促进自身健康成长。

2. 加快创新型人才培育速度

近年来，我国把创新放在重要战略地位，各行各业都在积极进行创新发展。美育能够有效提升学生的创新思维和审美理念，促进学生在追求真善美的前提下进行创新实践。大力深化美育，可以在促进思政教育发展的基础上提高学生的思想水平，将创新发展的理念融入学生的专业思维中，促使学生不断提高自己的创新水平，从而加快学校创新型人才的培育速度。

3. 增强思政教育活力

为了进一步提升学生的思想道德素养，就要加强思政教育力度。美育不仅是一种思想教育，而且是一种艺术活动。它能够让学生在学习中提升文化素养和道德修养，提升对于美的理解能力。因此将美育融入思政教育，构建思政教育新模式，可以为思政教育带来新的活力，促进思政教育长久发展。

（五）美育在学校思想政治教育工作中的缺失

1. 思政课程未融入美育，学生学习驱动力不强

思政课是学校落实立德树人根本任务的关键课程。学生既是思政课施教的对象，又是思政课学习的主体，还是思政课教学效果的重要评价主体。部分学校没有将美育融入思政课程之中，没有丰富和拓展教材内容，也没有将提炼学生关心的思想和理论热点问题作为教学的重点，更没有关注当代学生的年龄特征和所处的时代特点，没有引导他们深入地思考和探索人生价值、理想信念，进而课程内容无法走进学生内心。这些照本宣科的内容不能赢得学生的青睐。想要进行思想引导，从根本上贯彻落实立德树人的根本任务，必须将美育融入思政课程，推进学校思想政治教育工作。

2. 信息化时代的文化审美引导缺失，制约人文情怀的培养

随着我国政治、经济的发展，信息的传播速度越来越快，学生获取知识和信息的渠道越发广泛，大众文化的传播性、广泛性和渗透性较强，逐渐得到当今学生的认同。同时，这种大众文化也影响了学生的审美情趣和思维方式。大众文化犹如一把双刃剑，一方面，开阔了学生的审美视野，培养了审美素养，提升了审美体验和审美感知能力；另一方面，学生的审美也受到一些内容庸俗、格调低下的文化的负面影响，出现不健康的价值取向。

3. 美育的引导作用没有得到有效发挥

很多学校在对学生进行思政教育时更多采用灌输式的教学方法，使得学生对于思政教育有明显的抵触心理。实际上，与美育结合的思政教育是具有充分美感的人文主义课程，但是由于学校对美育的重视程度不够，思政课教师也缺乏实际的美育经验，使得美育对于思政教育的帮助和引导作用没有充分地发挥出来，也使得思政教育的水平一直没有明显的提升。

4. 教育模式不够完善

美育是很多学校教育中的短板和薄弱环节，美育视野下的思政教育存在师资力量匮乏、教学方式落后、教学内容陈旧的问题。此外，很多思政课教师对于美育的认识不到位，不重视审美观念对学生的健康成长起到的作用，无法尽快调整思政教育模式，也无法促进美育发展。

美育由两部分组成：外化教育和内化教育。部分学校在美育外化教育中以鉴赏、理论授课为主要形式，开设较多的美育课，教学方法单一，学生的兴趣往往不高。美育内化教育是具有实践性的美育课程，学生可以在实践过程中感知、领悟知识，实现自我提升。从目前的情况看，美育往往缺少实践性的内化教育。

目前，部分学校艺术教育课堂的课程思政教育教学资源匮乏，教育形式单一，非常传统。很多教师侧重传授理论知识，互动少、理论联系实际少，课堂教学手段死板、不够丰富与生动，课堂教学效果差。

5. 对美育存在偏颇认知

现在部分学校将艺术教育与美育等同，开设的美育课程仍是音乐、舞蹈、书法等，课时也比较少，这对提高学生的审美能力和人文素养的作用是有限的。我国的教育一直把实现德智体美劳全面发展视为人才培养的准则，但在实践过程中，受社会价值观等影响，部分学校只注重学生德和智的发展，而忽视了美育，甚至个别学校认为德育的地位比美育高，美育并不重要，这种认知失之偏颇。

　　受应试教育影响，一些学校减少了与中、高考无关的课程教学，这是学校美育基础薄弱的一个重要原因。有的学校迫于政策要求才设置美育课程，在开课时间方面，存在课时少、课程安排时段不合理等问题，导致学生的学习效果不理想。在艺术教育过程中，不少教育工作者带有较强的功利性色彩。一部分艺术专业教师仅重视艺术教育，因为这直接关系学生的升学、就业等现实利益。很少有教育工作者认识到艺术教育与课程思政教育融合的重要性，大部分艺术专业教师认为，艺术教育就是单纯培养学生的艺术技能，因此，不愿意花时间进行课程思政教学。除此之外，很多教育工作者并没有意识到课程思政与艺术教育融合可以让学生形成正确的三观，成为高素质的艺术人才。

　　6. 师资能力有限

　　国家相关部门明确要求，学校在开展美育课时要配备专职教师。但从目前的情况看，部分学校在美育师资的配备上还有所欠缺，具备美育系统教育背景的教师较少，部分学校的美育教师是由具有文学、美术、艺术设计、声乐、器乐、舞蹈等相关教育背景的教师担任。

　　从某种程度上来讲，高素质的教师是教育取得成效的前提，师资能力对艺术教育与课程思政的融合效果有决定性作用。一些教师在教学过程中没有对艺术教育与课程思政进行融合，只教授本专业内容，无法做到兼顾。比如，艺术教育的教师只懂艺术专业知识，但是对课程思政的知识知之甚少。同样，课程思政教师在思想政治方面有扎实的理论基础，但是在艺术知识方面积累不多。从学科特性的角度分析，艺术教育与课程思政教育的教学方法不同。艺术教育偏向情感熏陶，而课程思政教育偏向理论引导。艺术教育轻松且具象化，而课程思政知识理论化、抽象化，没有一定的专业基础很难驾驭。同时具备两种专业能力的教师可谓少之又少。

　　（六）美育融入学校思想政治工作的策略

　　1. 挖掘学校文化内涵，创新思想政治教育审美途径

　　确定积极向上的审美取向。学校思想政治教育要注重引导学生提升感悟美育的能力。通过树立正确的思想观念，重视美育素养的培养工作，不断对各种各样的大众文化予以充分考虑，适应时代的发展趋势，助推学生的文化素质教育，使学生增强明辨是非的能力，提升自身审美能力。构建良好的校园文化氛

围。校园环境作为公共空间本身就具有传递文化的功能，代表一个学校的历史文化和精神面貌，通过人性化设计，对校园环境进行审美化的布局规划，形成了自己的文化内涵，将学校的文化迅速地传播到人群中，不仅满足师生的使用需求，而且更好地突出师生在校园中的主导地位，形成较为正确的审美观念，积极推进健康的文化内容，努力提高学生的审美价值。普及传统文化教育。开设国学、美术、设计、音乐、舞蹈、戏曲、电影等美育课程，定期组织开展校园文化活动，将美育渗透到学校思想政治教育工作中。通过"高雅艺术进校园"、"传统文化进校园"、古诗词朗诵比赛和传统文化专题讲座等，让学生亲身体验传统文化魅力，提升文化修养，传承并弘扬中华优秀传统文化精髓。通过校园文化活动，推进健康文化内容，强化文化育人作用，培育和践行社会主义核心价值观教育，营造和谐的文化氛围。

2. 在对传统文化的挖掘中融合美育与思想政治教育

优秀的传统文化成为审美教育和思想政治教育的重要资源。在传统文化的创新性转化和时代性发展实践中，总结经验，深入发掘、探索并升华优秀传统文化中的美学内容、审美价值及思想政治教育资源，帮助拓宽思想政治教育内容领域，进而促进思想政治教育内容系统各要素协调发展。

深入发掘内涵积极的故事资源，收集不为人知的革命事迹，宣传榜样事迹，充分挖掘和运用优秀传统文化中蕴藏的中华美育精神和思想政治教育基本精神的价值，展现故事中的生命美、形式美、话语美、实践美、学科美、榜样美。艺术化是思想政治教育方法的审美化、情绪化的现代性思维体现，加快思想政治教育方法升级为思想政治教育艺术、理论灌输转化为美的享受的进程。

3. 在探索社会美育的过程中促进美育与思想政治教育融合

倡导社会中优秀的戏曲家、歌唱家、朗诵家、主持人等文艺工作者走进校园，走近学生，做学生的美育教师，凝聚社会力量，为高校学生提供美育教学服务，改创造单纯的"技术栖居"教学环境为创造人的"诗意地栖居"的美育环境。在提升学生的生命品质、厘清学生的生命认知，使学生超越自身的有限性的同时，摆脱工具理性的束缚，以亲和系统、普遍共生的态度同自然、社会、他人和人自身处于一种协调一致的审美状态。

4. 在社会主义先进文化熏陶中加强美育与思想政治教育的融合

引导美育与现代改革创新精神相结合，实现美育课程体系、思想政治教育课程体系的现代化转型。思想政治教育理论取得成就的过程也是思想政治教育理论不断根据条件变化进行创造性、革新性发展的过程。加快美学相关学科与社会主义先进文化的融合，以增加在思想政治教育方向指引下的美育与社会主义市场经济的契合度。

在核心价值观教学中，教育者要根据美育的愉悦性、情感性、形象性实施教学活动。结合不同的美育形式，如动态化静止事物、具体化抽象理论、鲜活化枯燥知识，让教学活动积极、生动、活泼，充分调动学生学习自主性，通过审美眼光将核心价值观知识进行内化，进而增强教育实效性。在教学过程中注重运用美育的形象教学法、愉悦教学法、情感教育法。通过形象教学，采用戏剧、电影、音乐等直观艺术形式，让抽象知识形象化，让学生在理解、分析、感知中得到全面发展。通过愉悦教学，教师积极营造自由轻松的课堂氛围，降低学生叛逆情绪和心理抵制，采取故事、游戏等方式，使学生从身心两方面得到愉悦，提高知识学习效果，教师自身也受到学生感染，提高教学成就感与内生动力。通过情感教学，教师在核心价值观教育时对学生进行情感输出，不断引起学生的情感共鸣，实现情感交流。

5. 转变教师的教学理念，培养思想素质过硬、技术精湛的教师团队

学校应尽快尽早配齐配好美育教师，并注重美育教师教育能力的全面提升。学校应探索搭建合作交流平台，融合相关资源，加强美育教师队伍建设。思政教师与班主任作为美育的重要实施者，要增强创造美、表现美、欣赏美的能力。重视思政教师审美能力与审美素质，改善教师外在形象的同时也要重视提高内在美育修养，有效优化学生的审美情感，并建立正确的价值取向。作为美育教师的必然组成，思政课教师与学生在情感方面应融洽相处，让课堂环境更加和谐。教师的审美水平，会潜移默化地对学生的审美态度与艺术品味产生重要影响，因此要提高教师的审美意识，在开展工作时主动以"美"的标准规范自身。核心价值观教育是开展学生审美教育的有效方式，第二课堂在学生理解、吸收理论知识方面发挥着巨大作用。就学生而言，教师是师长也是朋友，教师是否具有较高的综合素质，是否真正成为学生的人生导师与知心朋友，对学生有着深远影响。应增强教师审美能力，将审美教育贯穿学生日常生活方方面面，进而增强核心价值观教育的质量与效率。

学校应进一步促进教师教学理念的转变，通过组织教师学习、解读各项相关政策与文献资料，提高教师对美育的认知水平与重视程度，让教师在学习的过程中总结当前美育存在的问题，分析原因后探索相应的解决措施，促进美育

发展。同时，教师要积极构建美育与思政教育融合的新模式，加强美育在思政教育中的渗透，实现"以美化心，以美育德"的发展目标。

通过加强教师团队思想政治教育，增强"四个自信"，提高育人意识，切实做到爱学生、有技能、会传授、做榜样。教学团队通过开展教研活动、互听互评、传帮带、发展学生信息员等手段，提高教师的综合素质和教学能力。组织教师外出调研、专题培训、专业研讨、集体备课、开展交流讨论活动等，在教学设计、课程标准、教案编写等方面听取思政课教师意见和建议，强化课程思政教学改革工作，把知识传授、能力培养、思想引领融入课程教学过程之中。

6. 充分利用信息化手段，建立美育活动平台

目前已经进入信息化时代，任何事物的发展都离不开信息技术的应用。教师应该在"互联网＋教育"战略下进行思政教育模式创新。教师要充分利用新媒体资源加强美育与思政教育的宣传与实践，建立起美育和德育协同联动的新型思政教育路径。教师可以通过互联网技术来实现思政教育内容和方式的创新，在思政教育中增加美育知识。具体来说，教师可以通过网站、微博、微信等平台收集美育资源，再将收集到的资源进行分类整理后融入思政教育中。此外，教师还可以积极运用新媒体手段拓展思政教育方式，比如，运用各种在线教学平台进行思政教育和美育，在增加美育内容的基础上进行教学模式创新，这样可以提升思政教育吸引力，增加趣味性。

学校应搭建开放式、多途径的美育育人实践活动平台，应整合开发课内外和校内外的美育实践资源，开展多层次、多角度的美育育人实践活动，打破美育育人专业壁垒。可以通过举办多种校园文化活动的方式加强美育与思政教育的碰撞，在活动中提高学生的思想道德素养与审美素养，促进学生全面发展。

例如，曾在中央十套热播的节目《美术经典中的党史》，用"以画为体，以史为魂"的结构方式，从中国共产党成立以来的各个历史时期，特别是党的十八大以来的美术作品中遴选出100件最具代表性的经典美术作品，生动再现了中国共产党100年来波澜壮阔的光辉历程。通过将党史内容和美术经典巧妙结合，融党史题材和艺术之美于一体，创新拓展重大主题表达空间。

《美术经典中的党史》综合了嘉宾访谈、故事短片、作品展示、动画示意等多元表现手法。节目中，决胜千里的战场画面、热火朝天的建设场景、日新月异的时代华章……一幅幅美术经典汇聚成伟大的时代画卷，以独具匠心的艺

术之美，于历史细节处探寻初心使命，生动阐述了一个事实——没有共产党就没有新中国，只有中国特色社会主义才能发展中国。

在美育的教学内容中，也应当如同该节目一样，利用艺术史和艺术品加强道德伦理渗透，提升个人品德，培养时代新人。在市场经济环境下，不应只注重艺术品的艺术价值、美学价值，艺术品还被赋予了历史价值。我们不仅要引导学生欣赏艺术的美，而且应该引导他们了解艺术品背后的故事，挖掘隐藏的深意和表达的精神。

生态美育是在新时代生态危机环境下诞生的，是传统美育的新延伸、新发展，是建设新时代具有生态特色的美丽中国的重要手段和途径。"建设生态文明是中华民族永续发展的千年大计"，是党的十八大、十九大的重要内容。要加快生态文明建设，必须开展生态文明教育，而生态美育是生态文明建设的主要内容。学生是生态文明建设的践行者和主力军，而学校是培养学生的主阵地，提升学生的生态审美教育，既是生态文明建设的现实需要，也是学校思想政治教育发展的内在需要。

生态文学审美是从生态系统的角度来审视美，体现的是人与自然的生命关联和审美共感，强调自然系统中各种要素的协调平衡，是诠释、重塑人的生态观的过程，可浸润心灵，启迪心智，提升道德修养和道德情操，引导激发学生内心的原动力，自觉追求真善美，是生态文明建设的可持续发展路径。引导学生用心体会"绿水青山就是金山银山"思想理论内涵，热爱自然、崇尚自然，生发保护家园的情怀。

引导学生理解"山水林田湖草沙是生命共同体"的生态美学思想，让花草树木浸润心灵，激发学生产生追求自然、和谐、平衡和过程之美的审美愿望，进一步深化对于人类命运共同体的认知。

欣赏森林草原、山川河流、土地、蓝天等生态图景。分析"望得见山，看得见水，记得住乡愁""给子孙后代留下天蓝、地绿、水净的美好家园"的审美内涵，通过望山、望水、望花草和忆乡愁的生态审美体验，启发学生热爱自然、崇尚自然、保护家园。

7. 建立美育激励机制

学校通过多个层面的资源整合，探索并建立完善的、多元联动的美育育人培养和激励机制，激发学生参与美育活动的积极性，进而实现"以美化心，以美育德"的思政教育目标，并通过反馈和总结，不断改进和优化美育育人课程、实践平台、工作机制，提高美育视野下学校思政教育的实效性。

美术基础课程以培养"德技双修"的技术技能型人才为目标，从技术技能和思政素质两大方面进行考核评价。通过全方位、全过程的综合素养考评，"双融"考核，新的课程评价考核方式，进一步践行立德树人的根本培养目标。

完善领导机制，实施责任机制和监督机制。首先，建立健全美育管理机构，加强工作统筹协调、决策咨询等，形成领导负责、部门分工、全员参与的闭环机制。其次，完善保障机制、激励机制、评价机制。学校加大对美育的投入力度，充分调动美育工作者的积极性。同时将评价监督机制纳入学校人才培养工作评估指标体系。学生核心价值观教育的评价体系既是学科内容的相关评价标准，也是评价素养与能力的标准，学习成绩虽然是重要的评价标准，但非常片面。促进学生核心价值观教育的科学发展，要关注学生综合素养，在重视学生的学习能力、心理健康的同时，重视学生审美情趣的发展。要制定长效性、综合性、全面性的评价机制。最后，要将学生自评与他评、阶段性评价与日常评价结合起来。将美育作为核心价值观教育必要组成部分，不但能丰富美育内容，而且能够增加核心价值观教育的实效性，共同实现"润物细无声"的效果。学校应积极改进美育工作，促进思政教育与美育的融合，实现二者的优势互补。总之，社会主义核心价值观教育要切实把握美育的育人导向，以美育人、以美化人、以美培元，培养德智体美劳全面发展的社会主义建设者和接班人。

四、劳动教育与思想政治教育

劳动教育是指教育者通过某种劳动形式，用劳动知识、劳动态度、劳动观念、劳动习惯技能等对学生进行有计划、有组织、有目的的教育过程。劳动教育是中国特色社会主义教育制度的重要内容，是新时期党对教育的新要求，是法律的明确规定，是促进学生全面发展的迫切需要，具有极其重要的意义。

2020 年，为构建德智体美劳全面发展的教育体系，《中共中央国务院关于全面加强新时代大中小学劳动教育的意见》明确指出，要将劳动教育纳入人才培养方案，开设劳动教育课程，并将思想道德评价结果记入学生综合素质档案，纳入综合素质评价体系。劳动教育是对德育内容的重要补充，是对学生进行的珍惜劳动成果、热爱劳动和劳动人民、树立正确的劳动观、培养日常劳动习惯和技能等方面的教育活动。合格的社会主义建设者和可靠的接班人是集过硬的专业技能和良好品德于一身的人才，本质是以劳动实现中国梦的劳动者，既是辛勤的劳动者，是敬业的劳动者，更是富有创造性的劳动者。

进入新时代，劳动教育逐渐受到重视。对于中小学学生来说，劳动教育能够培养学生勤俭节约、艰苦奋斗的生活习惯和学习习惯。除此之外，对学生今后的发展也有很大影响。

（一）劳动教育融合思想政治教育的现实意义

1. 有利于培养学生形成正确三观

思想政治教育的关键是培养学生树立正确的世界观、人生观和价值观。马克思主义认为，劳动创造了人，人类认识、改造世界的根本途径就是劳动。劳动教育就是要帮助学生形成正确的三观，认识到只有通过辛勤劳动、诚实劳动才能实现自己的人生目标。劳动教育要引导学生将人生理想同社会发展的需要紧密结合，自觉投身于实现中国梦的伟大实践中，创造有价值的人生。实现中华民族伟大复兴的中国梦，要靠各行各业人的辛勤劳动。普通劳动者也可以在宽广舞台上展示人生价值。

2. 有利于促进学生全面发展

作为国家未来、民族希望的当代青少年，也将是社会主义建设事业的中流砥柱，促进学生全面发展，是实现中华民族伟大复兴中国梦的重要一环。开展劳动教育，不仅能有效提升劳动素质，而且也为综合发展提供有效途径。学校通过开设相关劳动课程、组织劳动实践等方式，逐步打造完善的劳动教育体系，培养学生的实践精神、创新精神，使学生逐步加深对劳动人民的感情。此外，掌握一定的劳动技能，可以将科学知识在实践中得以验证，在劳动中开阔眼界，调动学习积极性，更能锻炼身体、培养意志，进而实现全面发展。

3. 有利于引导学生心理健康

青少年处在身心发展的重要阶段，心理正由不稳定向稳定过渡，情感易受影响，自我控制能力差，因此，情绪及心态调节十分必要。近年来，因心理问题导致学生极端行为的事件频频发生，学校必须加强学生健康心态调节，特别是要积极引导那些陷入困境的学生，帮助他们克服消极情绪，乐观积极地面对困难与挫折，成就精彩人生。学生在劳动教育实践活动中获得的满足感、形成的积极向上的心理状态能够有效调节情绪，促进心理健康发展。将心理健康教育融入劳动教育，可以使学生在劳动中主动调节自己的低落情绪及心理状态，形成持续、影响深远的健康积极的心理状态，弥补普通心理健康教育模式单一的弊端。

4.有利于践行社会主义核心价值观

加强道德教育和实践，提升师生思想道德素质，使社会主义核心价值观内化于心、外化于行，成为全体师生的价值追求和自觉行动。开展劳动教育既是培育社会主义核心价值观的主要方法，也是践行社会主义核心价值观的重要举措。社会主义核心价值观中的爱国、敬业、诚信、友善是基本的道德准则，也是学生必须遵循的价值标准。学校开设劳动教育课程，目的是培养学生良好的道德品质和行为习惯，让学生从身边的小事做起，通过一点一滴的行动形成珍惜劳动成果、保护环境、节约资源的好习惯。学生通过专门而系统的劳动教育，增强了自律意识、规矩意识，认识到各行各业都有值得尊崇的职业标准；通过亲身经历，体会劳动人民的辛苦与不易。爱国是学生对祖国最深沉的情感，敬业是学生对职业最基本的认知，诚信是学生道德建设的出发点，友善是学生建立良好人际关系的关键。因此，劳动教育对学生培育和践行社会主义核心价值观发挥着重要作用。

5.劳动教育融入思政课有利于培养高素质人才

随着我国素质教育的持续推进，学校对学生的要求不仅停留在文化理论知识的培养，而且更着重实践应用能力的提升。实践、劳动是重要的育人方式。将劳动教育融入思政课实践教学中，开展教育教学研究有重要意义：有利于帮助学生树立正确的劳动观，培育学生热爱劳动的意识，塑造学生诚实劳动的品德，养成爱劳动的好习惯，练就扎实的劳动技能，为今后建功新时代、奋斗创未来奠定坚实基础；有利于培养实践能力强、富有创造创新能力且综合素质高的时代新人；有利于整合实践教学资源，彰显实践教学效果。

劳动教育能让学生变得更务实、勤勉、热爱生活。在劳动教育与思政课实践教学结合过程中，劳动引导学生将知识与实践相结合，思政课实践教学指导学生积极劳动，锤炼学生劳动技能。

（二）在中小学思想政治课堂教学中渗透劳动教育的必要性

1.满足"立德树人"要求

中小学思想政治课明确将劳动指标纳入课程评价机制中，意味着要重视社会实践活动和生产劳动。因此，要求在思政课程教学中渗透劳动教育。另外，中小学思想政治课是一门培养德智体美劳的综合课程，注重将教育与生产劳动及社会实践活动相结合。渗透劳动教育就是满足"新课改"新要求的重要形式。

2. 丰富思政活动载体

劳动是思想政治教育的重要活动载体，是实现理论联系实际的根本途径，因此，在思想政治教育中渗透劳动教育具有可行性。通过两者融合，能够使思政课不再是单一的理论说教，能通过劳动实践培养学生的劳动观和生产力意识。爱岗敬业、责任感都是中小学思想政治教育课的核心素养，可以借助劳动教育得以落实，提升学生的创造力。

3. 培养正确劳动价值观

随着人们生活水平的逐渐提高，社会上出现了很多不珍惜劳动成果的现象，不少青少年出现不想劳动、不会劳动的苗头，培养青少年正确的劳动价值观很重要。随着科技改变人们的生活，青少年接触劳动的机会越来越少，很容易滋生懒惰、贪图享乐、不愿劳动的现象，这会形成不良的劳动价值观。而且，现在的青少年在家中很少劳动，缺乏家务劳动锻炼机会，在学校时，教师又过于注重分数，也容易造成对劳动教育的不重视，这样就会导致学生得不到锻炼，进而难以形成正确的劳动价值观。因此，将劳动教育与思政教育相结合有助于帮助学生在劳动过程中形成正确的劳动价值观。

4. 落实学科核心素养

政治认同、法治意识、公共参与、理性思维是思想政治学科的核心素养。我国是一个法治国家，走的是中国特色社会主义道路，通过开展劳动教育能够让学生意识到工农群体的重要性，进而提升政治认同。通过实践活动能培养学生的公共参与意识，进而培养学科核心素养。另外，劳动教育是"五育并举"的综合实践，是落实德育教育的重要途径。

（三）中小学思想政治课渗透劳动教育教学现状

1. 学生劳动素质偏低

现在的中小学学生都是"00后"和"10后"，他们在物质方面得到较大满足，由于家人的疼爱，很少参与家庭劳动，造成学生的劳动观念逐渐淡化。缺乏劳动实践也导致学生不具备相应的劳动技能，学生普遍缺乏劳动素养。劳动技能得不到培养、缺乏劳动观念等情况会加剧学生对劳动的认知偏差，认为劳动只会让自己变得疲惫，只会占用学习时间却没有实质性帮助，学生都不愿意参与劳动，也不愿意学习与劳动相关的知识，影响思政课堂教学效果。

2. 教师缺乏明确培育目标

由于思政课落实劳动教育的时间较短，科任教师对劳动教育的教学价值和教育目标缺乏明确认识，导致难以很好地将劳动理念传达给学生。有些教师将劳动作为惩罚学生的一种手段，导致学生对劳动越来越抵触，这就是教师对劳动教育认知不足导致的不良后果。实际上，进行劳动教育有助于提升学生的动手操作能力和生活能力，劳动是一件光荣而伟大的事情，但因为教师的错误引导，导致学生没能意识到劳动的重要意义。许多思政教师进行的劳动教育流于表面，通过理论性讲解进行教育，学生很难深刻体会劳动的价值。

3. 教学手段落后

思想政治课具有很强的理论性，部分教师只抓住这点开展教学，很少涉及实践的教学内容。教学是师生沟通的一个过程，但在实际教学过程中，多为教师讲解、学生被动接受，教学的互动性不够。这样一来，教师能够留给学生探究性学习的时间较少，能分配给劳动教育的就更少了，导致学生无法进一步了解劳动的价值意义。思想政治课本来有助于引导学生建立正确的劳动价值观、劳动情感及劳动态度，但完全依靠理论讲解就会导致只发挥劳动价值引导作用，效果不一定能得到保证。这样的教学方式导致劳动教育难以在思政课堂中生根发芽。

4. 没有结合中小学学生的年龄特点

培养劳动型人才一直是一个关键问题。因此，劳动教育课程可以培养学生勤俭节约、自力更生、吃苦耐劳、乐于奉献的良好品德。在中小学教育课程建设中，劳动教育实践没有结合各学科的理论知识、结合中小学学生不同年龄段身心发展的特点，促进中小学生全面发展。

5. 学校不重视劳动教育

由于升学等压力，学校对学生劳动教育不够重视，没有投入太多的精力和财力。学校虽然设有劳动教育课程，但并不具有系统性和专业性。

学生接受的劳动教育少，劳动意识差，劳动积极性不高；劳动教育现状不容乐观，中小学学生从小就不愿意参加学校的劳动活动。针对这种情况，应该改变劳动课程设置，重新审视劳动教育在学生成长过程中的教育价值。通过上劳动教育课程，让学生认识到，任何工作的高效完成，除了个人努力之外，大多依靠集体力量，从而达到帮助学生形成集体意识的目的。劳动教育能促进学生树立劳动光荣的价值观，自觉培养劳动意识、团结意识、责任意识，掌握劳动技能，对学生培养具有不可估量的作用。劳动教育与思政教育结合使学生养成劳动习惯，是让学生快速成长的主渠道。

6.学校对劳动教育实践专项经费投入需得到保障

实践教学的开展不同于理论教学，实践教学需要更多教育经费。伴随思政实践教学活动发展壮大、受众面更广，教育经费难以满足需要，实践教学的经费需分配到多种活动中，导致活动预算少，加之报账难度大、过程长，这些都或多或少地影响着实践教学效果的彰显。

（四）劳动教育融合思政课的发展目标

1.牢固树立正确的劳动观

作为中国精神和中国价值的精神内核，社会主义核心价值观是所有中华儿女共同的价值准则与价值追求。对学生进行劳动教育就是要培育学生尊重劳动、热爱劳动的价值观，激发青少年的劳动热情，在劳动过程中增强主动性和创造性。新时代的青少年只有树立正确的劳动观，才能积极参与社会主义建设事业。当前，由于自动化技术迅速发展，人们逐渐远离劳动，劳动教育缺失，当代青年对劳动的意识越来越模糊，甚至产生片面、扭曲的错误认识。远离劳动、一夜暴富、轻视劳动、厌恶劳动等错误思想观念正侵蚀着青少年，因此，必须用马克思主义劳动观驳斥这些错误思想，让青少年在具体的劳动实践中体会到劳动的光荣与伟大。在日常的思政课教学中，教师要积极引导，帮助学生树立正确的劳动观，用科学的价值观指明人生前进方向，为实现中华民族伟大复兴的中国梦而不懈奋斗。

2.立德树人是劳动教育和课程思政的共同目标

劳动教育的主要目的在于帮助学生树立正确的劳动价值观，使学生热爱劳动、热爱劳动人民及尊重他人劳动果实。劳动教育主要是指通过有组织、有目的、有计划地开展理论学习和实践锻炼的方式，帮助学生树立正确的劳动价值观，包括清楚地认识劳动的历史地位，培养积极的劳动情感和坚定的劳动意志，成为德智体美劳全面发展的人才，有意识地投身于社会主义劳动实践。党的十八大以来，以习近平同志为核心的党中央始终把立德树人作为学校教育的根本任务。课程思政是中国特色社会主义教育事业发展的产物，促进所有课程与思政课同向同行，以形成一个完整的育人体系，有利于学校落实立德树人根本任务，为社会主义事业培养合格的建设者和接班人。在课程思政中，思政强调的主要元素是育人，即通过课程这个渠道，育学生以"德"，对学生的人生成长进行积极引导，促进学生全面发展，使学生积极自由地融入社会劳动，实现自身发展，成为有用的人。无论是劳动教育还是课程思政，共同目的在于立德树人，促进学生成长成才，成长为符合社会发展需求的人才。

3.培养踏实肯干的劳动精神

伟大的中国精神是在中国人民艰苦卓绝的奋斗历程中培育、继承和发展起来的。中国精神孕育出伟大的创造精神、奋斗精神、团结精神和伟大梦想精神，也为中国发展和人类进步提供了强大的精神动力，中华儿女的艰苦劳动更是中国精神的力量源泉，劳动精神就是新时代中国精神的内核。劳动在为人类创造物质财富的同时，也为人类创造了精神财富，人们可以通过劳动实现自身价值。人们通过劳动满足了基本的生活需求，丰富了精神世界，体会到了价值的存在。只有通过劳动，人们的需求才能得到满足，才能获得真正的幸福感。要培养学生踏实肯干的劳动精神，甘于吃苦，不怕吃苦，勇于面对人生中的艰难困苦。教师在课堂教学中通过讲述一个个生动的劳模英雄事迹，激发学生对劳动者的崇敬之情、对劳动精神的认同，并乐于付诸行动。

4.养成良好的劳动习惯

面对未来的职业生活，学生必须树立崇高的职业理想，做好充分准备，体会劳动的价值，感受劳动的光荣与伟大，做好用自己的双手创造美好生活的准备。思政课中，要重点关注学生思想及行动中的认同感、自觉性，强化劳动教育，让学生诚心劳动、无私奉献，使学生在学习理论知识的同时，提升劳动素养。要使处于人生拔节孕穗期的学生在未来人生中大放异彩，就必须树立正确的劳动观念，形成良好的劳动习惯，认识到劳动可以破解各类难题，善于总结经验、掌握娴熟的劳动技能，在劳动中创造幸福人生。

（五）中小学思想政治课落实劳动教育的实践策略

1.强化学科关联，培养劳动素养

劳动教育的落实不能脱离各学科教学内容和教学目标，因此需要找准思想政治课与劳动教育的关联之处，以教材内容为基础开展劳动教育，通过将知识与劳动教育紧密结合，这样才能体现劳动教育的真正价值。构建全员、全程、全方位的育人格局，把思政元素融入各类课程，使各类课程与思想政治课同向同行，形成协同效应。把立德树人作为学校教育根本任务的一种综合教育理念。这就要求学校改进传统的课程设置体系，打破思想政治教育孤岛化现象，充分发掘和运用各学科蕴含的思想政治教育资源，健全学校课堂教学管理方法，形成一个以立德树人为中心，各门课程紧密衔接、层层推进的完整的育人体系，为社会主义事业培养合格的建设者和可靠的接班人。

2. 丰富载体，提升教育深度

要想进一步提升劳动教育渗透力度，学校可以开展社会课堂，既培养学生的公众参与意识，又提升学生的劳动技能。引导学生到社会中参与社会实践，帮助学生真切地体会真理的力量和价值。思政教师可以开设专门实践课程或组织社会实践活动，让学生走出校园、走进社会，通过参与各种生产服务来获得劳动体会，从而深刻了解劳动人民的付出，珍惜劳动成果和正确对待劳动人民，树立尊敬劳动、热爱劳动的劳动心态。学校可以组织学生到社区参与志愿者服务活动，注重培养学生的社会责任意识和主人翁意识，并在实践过程中有效提升学生的劳动实践技能。另外，教师也可以组织学生以自己感兴趣的话题开展实践活动，通过完成相应主题的社会调查，在亲身体验中学会联系学科内容展现自我，改变传统的学生被动接受的教学状态，提升劳动实践积极性，进而在实践过程中体会思政教育与劳动教育的意义。

思政教师要认识到劳动教育是提升思政课实践教学实效性的重要载体，是学生实现自我、完善自我、发展自我的重要途径，是实现立德树人根本目的的关键环节。思政教师要不断更新理念，实事求是，灵活运用课堂讲授、课内分组讨论、社会实践等丰富多彩的形式和手段，提升学生对劳动精神内涵及意义的理性认识和整体判断，坚定学生对劳动教育重要性的认识，激发学生对劳动精神的行为追求。

在思政课理论教学中，教师要将教材中工匠精神、劳动精神、吃苦耐劳精神和奉献社会精神等教学内容与劳动教育有机融合，充分利用信息化手段和多媒体，综合网络育人资源、拓展阅读资源、实践育人资源和专业育人资源，强化劳动观念的融入。邀请校内外著名专家学者、代表、杰出校友结合自身经历，以道德讲堂等讲座活动为载体，为学生广泛开展劳动精神宣讲，对劳动精神、工匠精神进行深入解读，给学生以精神洗礼。

3. 强化学生感悟，形成劳动态度

促进学生自我教育是有效开展劳动教育的重要落脚点。在思想政治教育过程中，自我教育是教育主体将对客观存在的理性认识外化为行为实践和行为习惯的过程。教师应该以学生的主观能动性为着力点，根据社会要求，有计划、有目的、有规律地引导学生主动将对劳动的理性认识转化为劳动实践，促进学生劳动自觉性的培养，提升学生劳动自觉性。

在进行劳动教育的过程中，教师要积极引导学生直面生活，强化对劳动的理解，这样有助于形成积极的劳动态度。另外，在引导学生树立正确的劳动价值观的同时，还要引导学生将这种体验回归到实践中，在劳动实践中不断巩固和深化。教师可以借助议题开展劳动实践活动，并坚持以思想政治课中的劳动实践为核心，既关注学生的参与和体验，又实现学科内容向课外延伸。比如，在进行"价值创造与实现"课题时，可以组织学生思考劳动对人生价值有哪些作用，并以此为话题进行研究，通过让学生思考我国劳动教育存在的问题及对青少年教育的不利影响，进而通过生活案例帮助学生感悟"劳动最光荣"，并树立热爱劳动的理念，明白通过劳动可以实现人生价值，有效地将劳动与自我修养联系起来，强化实践活动效果。教师要积极构建全真环境，通过让学生在全真环境中进行实践来提升感悟。创设活动是弥补思政课程理论性过强的重要方式，有助于平衡理论与实践的关系。开展劳动教育的目的是让学生形成良好的劳动素养，因此，如果以学生的体验和感悟为主，让学生在全真环境中开展劳动实践，就能通过真实、开放的环境激发学生自主探究兴趣，进而在活动中运用思维进行思考和构建，并将相关劳动经验内化成道德品质，实现课堂内外一体化教学。以议题的教学形式为载体，能有效地改变传统灌输式教学模式，促进学生发挥主体作用。比如，引导学生探究以按劳分配为主体、多种分配方式并存的意义。通过以学生家庭为实践场景，能够引导学生通过对比体会不同的分配形式，并认识到按劳分配的重要意义。比如，父母的工资是按劳分配的结果，但学生的生活费却是直接获得，学生觉得是正常的，这会影响学生的劳动积极性，如果放在社会上就会影响社会稳定。这样就能以议题的方式帮助学生加深对劳动的认识，并树立尊重劳动、热爱劳动理念。

4. 将劳动教育和思想政治教育结合起来

承担思想政治教育工作任务的教师，应充分利用劳动教育这一载体，改变思想政治教育模式，并通过多种形式进行思想政治教育。劳动教育也是学校扎根中国、落实道德建设和育人根本任务的重要途径。劳动教育的内容是对劳动精神的继承和弘扬，也是对劳动意识的培养和发展，还是对劳动创新思维的培养和实践，更是对劳动规律的理解和运用。劳动教育是推进思想政治课内容建设的重要方面，是完善思想政治课教材体系的重要组成部分，是深化思想政治课改革创新的特色和亮点。思想政治课教学和劳动教育都是以马克思主义为基础的，劳动教育观是教育的基本内容，它包含着对劳动内涵的科学认识、对劳动意义的价值认识、对劳动价值观的认识和劳动精神的弘扬与劳动能力教育内在统一性的方法概述。教师要重点展开实际的劳动教学，并在教学过程中引导学生思索和体会劳动，让学生明白如何把书本中的理论知识应用到实际生活当中。劳动教育能促进广大学生树立劳动光荣的价值观，自觉培养劳动意识，掌握劳动技能，对教育具有不可估量的作用。

5. 目标清晰，打造精准化劳动教育课程

劳动教育课程是否具有劳动教育的具体实施方式、清晰的教学目标将直接决定育人功能与课程价值能否实现。劳动教育课程要理论与实际相结合，考虑社会发展的需要及学生成长规律，做到精准化、科学化。各学段培养的特点及目标也决定了劳动教育的内容有差别。劳动教育不能一蹴而就，要想取得良好的育人成效，还要着力将劳动教育融入日常思政活动中，循序渐进、多管齐下地开展内容丰富、形式多样的劳动教育。学校要建设劳动育人的优良校园文化，让学生在热爱劳动、崇尚劳动的氛围中自觉主动地投入到劳动中。针对不同学生的年龄层次、知识结构、心理特点等设计具有劳动育人效应的校园文化活动，充分调动广大师生的主动性和创造性。例如，结合特定时间节点，如植树节、学雷锋纪念日、五一劳动节、中国青年志愿者服务日等节点开展劳动教育系列活动，适时举办"劳动最光荣"主题党团日、"文明示范宿舍评选"等活动，鼓励学生参与校园美化、校舍净化等劳动活动，营造崇尚劳动的校园氛围。坚持寓教于乐的原则，不断提升思想政治活动的亲和力和感染力，激发师生的劳动热情。举办"我身边的最美劳动者""最美后勤人"等评选活动，挖掘校园中优秀劳动者的典型事迹，使师生自觉成为热爱劳动的一分子。用好传统校园媒体，注重网络文化建设，为开展劳动教育营造良好的舆论氛围。例如，用好橱窗、海报、报纸等传统媒体，发挥网络、微信、微博等新媒体平台优势，制作生动活泼的多媒体作品，开展以"弘扬劳动精神，培养劳动情怀"为主题的作品征集评选活动，提升劳动教育的感染力和吸引力。

6.劳动教育与思政课实践教学有机融合

教师可以立足专业人才培养需要，精准把握社会热点与课程特质，突破传统理论讲授与实践体验脱节的桎梏，将实践育人进行到底。教师可以采取网络调研、市场走访、基地参观、沙龙探讨等形式，必选和自选项目相结合，引导学生合作探究，独立思考，提高学生的思想觉悟、认识水平和活动能力，致力于打造具有劳动教育特色的思政课实践教学活动。

校内实践：结合"五一"国际劳动节表彰师生劳动模范，表演以反映劳动精神为主题的学生喜闻乐见的节目，教师带领学生定期开展劳动教育论坛、劳动教育学术沙龙等活动，举办以劳动教育为主题的辩论赛。实行校园卫生责任制，开展学生轮值的劳动周活动，并配备每日卫生检查。在学校绿化区域、教室、图书馆等公共区域设立勤工助学岗位，引导学生关注劳动、热爱劳动、参与劳动。

校外实践：结合学生现实需要，创新劳动教育的实践育人方式和途径，增强劳动教育的吸引力和感染力，提升学生实践兴趣。建设思政课校外劳动实践育人基地，依托校本资源和地域资源优势，拓展实践基地，整合育人资源，组织学生走出去，开展实践研修。将社会人才请进来，校企育人同频共振，实现多方协同育人。

7.以生为本，构建以学生获得感为核心的多元化评价体系

教师明确学生实践项目实施过程、具体要求及预期成果，实行学生实践过程考核和实践结果考核相结合，学生实践表现评价和实践作品评价相统一，教师考评与学生互评并重；树立以学生获得感为核心的项目多元化评价体系，构建具有一定可操作性的评价指标体系，全方位、立体式反映学生在劳动教育中的获得感。

面对现实，完善激励性配套机制。将思想政治理论课劳动教育实践活动成绩纳入学生的综合素质测评之中，作为学生评选优秀个人等荣誉的依据之一，以此来提高学生参与劳动的积极性、主动性和创造性。

民主测评，自评与他评互补。学生通过撰写实践活动心得，总结社会实践过程、成果及感悟，教师根据学生劳动实践过程的表现展开评价。

劳动教育育万家，思政实践育新人。思想政治教育和生产劳动相结合的思想，是马克思主义思想教育观的重要组成部分，也是提升学生思想素养、活动能力的理论基础。当前，将劳动教育与思政课实践教学有机结合，是教育教学

改革的大趋势，它增进了学生的专业情感和劳动情感，坚定了学生的专业志向和劳动信念，鼓励了学生的劳动行为。在实践过程中尽力完善，做到最好，为实现中华民族伟大复兴添砖加瓦。

8.借助劳动故事，丰富课程资源

我国是一个农业大国，在历史进程中劳动占据重要地位，教师可以借助优秀传统故事来提升学生的劳动意识。思想政治课程教材中有很多与古老神话故事相关的内容，教师可以借助这些故事传达劳动人民勤劳勇敢、奋发图强的精神。比如，可以借助愚公移山的故事引导学生理解困难都是可以克服的，只要有坚定不移的决心和不怕苦不怕累的劳动观念，就能搬走困难这座大山。这个故事，能够对学生起到较好的德育教育作用，有助于培养学生良好的道德品质。还可以借助草原英雄小姐妹等革命故事帮助学生深刻体会爱国之情和强国之志，从而将爱国信念渗透到劳动奉献过程中，引导学生树立正确的劳动观念。

9.转变家长的劳动观念，营造良好家庭教育氛围

转变家长思想，树立正确的劳动观念。家庭劳动教育是学校劳动教育的重要补充。家庭教育是个体成长中的第一堂课，家长的一言一行都对个体产生耳濡目染的影响。长期以来，在很多家庭中，家长说得最多的一句话便是"你只管专心学习，其他什么都别操心"。在此错误思想下长大的孩子只知道衣来伸手、饭来张口，不愿劳动、不想劳动、不会劳动，久而久之，便会滋生不劳而获、坐享其成的思想。所以，首先必须要转变家长的思想观念，让家长切实意识到家庭教育中劳动教育的重要性，劳动教育要从娃娃抓起，要从小在孩子的心中播下劳动的种子，要让爱劳动成为孩子的立身之本。不仅让孩子多参与家庭劳动，而且引导孩子认识到"劳动没有贵贱之分，体力劳动与脑力劳动只是劳动的两种不同形式"。

家长要转变对劳动的机械化认识，家长应积极利用微信公众号、家长群、社区宣传等载体学习相关内容，从而对劳动形成正确认识。家长也要养成热爱劳动、珍惜劳动成果的好习惯，要在日常生活中以身作则，言传身教，营造崇尚劳动、尊重劳动的家庭氛围，为孩子树立良好的榜样。带领孩子一起劳动，或放手让孩子独立劳动，立足生活实践，设计合理的劳动活动。家长要抓住衣食住行等日常生活的劳动机会，鼓励孩子持续性参与家庭日常劳动，如洗碗、拖地、做饭、洗衣、做手工等。周末可以和孩子一起去菜市场买菜，也可以进

行一些趣味性的家庭成员生活技能竞赛，这在提升生活技能的同时，也培养了孩子的家庭责任感和生活情趣。要多鼓励孩子参加社会劳动，比如防疫站志愿服务、社区卫生大扫除、博物馆讲解等。

家风传承与学校立德树人是目标一致的两个不同维度，家庭教育应该与学校教育同向同行，家长可以把孩子的家庭劳动实际情况和成长足迹用文字或视频记录下来，可以将孩子学到的新技能新作品带到学校与老师和同学分享，做到信息共享、策略互通、教育互补，让学生在优良的家风熏陶下自觉提升。

10. 多举措加强人才队伍建设，提高教师劳动教育意识与能力

高水平人才队伍是有效开展劳动教育的重要资源。教师是育人的主体、教学的实施者、课程开展的第一责任人，推进劳动教育融入各门课程的关键在于教师。学校应该考虑教师是否具有劳动教育意识和能力。要想让劳动教育内容融入各门课程，每位教师都应该具有劳动教育意识、劳动教育自觉性和劳动教育行动。学校必须多措并举，打造高水平的劳动教育师资队伍。首先，学校要加强师资培养，保障充足的劳动教育师资。其次，学校可以设立劳模工作室、技能大师工作室、荣誉教师岗位等，请相关行业的专业人士担任劳动实践指导教师。请劳动模范、大国工匠、优秀教师等人员不定期深入校园，与学生面对面交谈，发挥榜样的示范作用，调动学生自觉劳动的积极性。学校还要把劳动教育纳入教师培训内容，开展全员培训。第一，进行课程思政方面的培训，提升教师的课程思政知识素养和教学能力，帮助教师提高育人自觉性，强化正确育人理念，主动承担育人责任；第二，学习马克思主义劳动观理论，让教师真懂马克思主义劳动观、真信劳动创造人、真用马克思主义劳动观培育人，消除教师因不能准确、科学地把握德育而难以开展劳动教育的顾虑；第三，通过专题讲座、教学观摩和教学技能比赛等，开展劳动教育融入课程教学方法和教学技能的培训，提升教师的劳动教育能力。

劳动教育者群体不应只局限于劳动教育任课教师，班主任、后勤人员、思政课教师、学校管理人员等都要加入其中。开展劳动教育，既要让教师加强马克思主义劳动观的理论学习，也要号召各学科教师从专业视角、以丰富的理论知识加入劳动教育课程的教师队伍。此外，学校要对教师群体开展专业培训，提升劳动教育专业化水平，增强实施劳动教育的自觉性。

总之，劳动与生活是相辅相成的，思政教育是促使学生更好生活的重要途径，将劳动教育与思政教育结合，有助于帮助学生树立正确的劳动价值观和劳

动态度。要在学生中弘扬劳动精神，教育引导学生崇尚劳动、尊重劳动，懂得劳动最光荣、劳动最崇高、劳动最伟大、劳动最美丽的道理，长大后能够辛勤劳动、诚实劳动、创造性劳动。劳动教育作为中国特色社会主义教育制度的重要内容，直接决定了社会主义建设者和接班人的劳动精神面貌、劳动价值取向和劳动技能水平。因此，学校应该将劳动教育纳入人才培养全过程，积极探索具有中国特色的劳动教育模式。将劳动教育与思想政治教育相融合，对于构建学校劳动育人体系、培养担当民族复兴大任的时代新人具有重要意义，也为学校培养德智体美劳全面发展的社会主义建设者和接班人提供了有效实现路径。

第三部分　大中小学课程思政一体化的探索

习近平总书记对教育工作做出一系列重要论述，多次强调铸魂育人在人才培养中的重要性。习近平总书记指出："要用好课堂教学这个主渠道，思想政治理论课要坚持在改进中加强，提升思想政治教育亲和力和针对性，满足学生成长发展需求和期待，其他各门课都要守好一段渠、种好责任田，使各类课程与思想政治理论课同向同行，形成协同效应。"为解决思想政治教育与各学科专业课程教育"两张皮"问题，"建设高水平人才培养体系，必须将思想政治工作体系贯通其中，必须抓好课程思政建设"。课程思政是新时代党中央推动教育事业向纵深发展的一项重要战略部署。课程思政建设，事关个体的价值养成、德性发展和品格塑造，事关"培养一代又一代拥护中国共产党领导和我国社会主义制度、立志为中国特色社会主义事业奋斗终身的有用人才"。必须将思想政治工作贯穿于大中小学各学段人才培养体系与课堂教学中，推动思政课程与课程思政协力同行、相互配合，构筑育人大格局。

一、大中小学课程思政一体化的内涵

大中小学思想政治教育一体化的语境正在形成——大中小学课程思政一体化之中观背景。大中小学课程思政一体化经历了大中小学德育整体规划（2005年）—有效衔接（2010年）——体化（2017年）三个阶段。2019年，习近平总书记强调"在大中小学循序渐进、螺旋上升地开设思想政治理论课非常必要"，客观上对"同向同行"者的"大中小学课程思政一体化"产生影响，在某种程度上也引发了"德育"向"思想政治教育"的话语转向，并渐次推动了"大中小学德育一体化"向"大中小学思想政治教育一体化"的过渡。中小学阶段"学科德育"向"学科（课程）思政"的转向，是大中小学课程思政一体化的重要前置条件。将《新时代学校思想政治理论课改革创新实施方案》与《中小学德育工作指南》进行比较可知，中小学德育课程与思想政治理论课实际上能够"画等号"，大中小学思政课程一体化也顺理成章。与此对应，"学科德育"必然要向"学科（课程）思政"转向。《关于深化新时代学校思想政治理论课改革创新的若干意见》提出"整体推进高校课程思政和中小学学科德育"要求，并做出如下阐述，"深度挖掘高校各学科门类专业课程和中小学语文、历史、地理、体育、艺术等所有课程蕴含的思想政治教育资源。"由此可见，"课程思政"与"学科德育"实际上是同一概念在不同学段的称谓，客观上为大中小学课程思政一体化的落地奠定了基础。

大中小学课程思政一体化的发展，不仅是为了解决大中小学各学段的教学内容、教学方法、培养目标和课程标准等要素外在一致性的问题，而且在于中国特色社会主义进入新时代，"要全面贯彻党的教育方针，落实立德树人根本任务，发展素质教育，推进教育公平，培养德智体美劳全面发展的社会主义建设者和接班人"，"培养担当民族复兴大任的时代新人"，需要以整体性的思维应对和解决教育教学中的各种问题。在此背景下，一体化理念在教学改革中脱颖而出。一体化是从整体与部分相统一、内在与外在相统一的关系出发，着眼于解决德育体系外在一致性和内在一致性相分离的问题。确切地说，一体化理念的提出，一是为了克服整个德育体系的离散碎片状态和条块分割状况；二是为了解决大中小学思政课教学过程中出现的内容重复、断裂和脱节现象；三是为了解决大德育框架中家庭、学校和社会之间的离心现象；四是为了解决教育系统中不同职能部门、组织机构配合不够的现象；五是为了培养德智体美劳全面发展的社会主义建设者和接班人，即立德树人的根本问题。

大中小学课程思政一体化基于大中小学各学段学生发展的阶段性、连续性、终身性、渐进性和过程性，在大中小学全程合力育人贯穿全过程的框架下，综合考量学段差异、学段连续性、学段内学生思想政治教育工作多维协同性等因素，基于对大中小学学科课程的思政元素深入挖掘、提炼和系统化梳理，对大中小学各学段课程育人目标体系的科学设计，以及对大中小学各学段课程思政资源体系，教师合作，共享平台，制度机制等科学统筹而构建起的一体化、全贯通、有机的课程思政体系。大中小学课程思政一体化建设，则是围绕一体化要求，以理念与指导思想层面、目标与内容体系层面、管理与评价层面、教师课程思政素养与能力为核心，以资源与平台建设、管理体系建设、制度与机制建设为重要支持，开展系统化、持续性的课程思政建设。在结构上，大中小学课程思政一体化呈现"五维立体"特征，立足课程思政"本体"，与前后学段的"纵向衔接"，横向上与思政课程"同向同行"，与同步的课程思政协调推进。简言之，就是学段与"课程聚焦＋横向一体＋纵向一体"。大中小学课程思政一体化建设在于课程思政的设计与实施要遵循"循序渐进、螺旋上升"要求——大学阶段重在增强使命担当，高中阶段重在提升政治素养，初中阶段重在打牢思想基础，小学阶段重在启蒙道德情感。与这一要求相对应，课程思政目标与内容、教学与评价等就要凸显各阶段的重点关注与特色，横向上与思政课程"同向同行"，纵向上实现相邻学段的有机衔接，做到"守好一段渠"与"管好全过程"相一致，即通过科学设计，实现课程思政"纵横四维"的全贯通。"贯"，即各学段之间前后相继、首尾相连，在主题、目标方面体现向上的多维生长性；课程思政与思政课程之间，在育人方面实现内在互联、呼应、互补，围绕育人形成有机互动。"通"，即各学段之间平滑对接、有机契合，"衔接区"基于生成而建；课程思政与思政课程之间形成科学的"同向同行"逻辑，形成目标与内容、教学模式与方法、教学评价等方面的内在一致。

二、大中小学课程思政一体化现存问题

推动大中小学课程思政一体化，是一项系统工程，需要重点解决以下问题。

（一）一体化意识欠缺问题

亟须破解的课程思政意识层面存在的问题主要有三点。

第一，各学段"守渠"意识不强。新旧评价体系转换之际，既有评价体系导致的重智轻德的思想客观上仍然存在并有一定市场。鉴于课程思政的效果难以得到科学衡量和表达，相应激励举措也尚未到位——客观上影响教师和管理者课程思政的积极性。这种情况在中小学、高校同时存在。

第二，各学段"一体化"意识不强。大中小学教育教学"各自为战"，积弊已久，彼此衔接尤其是高中阶段与大学阶段的衔接是一个亟待解决的问题。大中小学德育内涵连接不足的问题日益凸显，大中小学教师"跨界"及融通意识欠缺、德育衔接意识与意愿不强等问题普遍存在。教师（尤其是中小学教师）"守渠"意识、意愿不强等因素，对大中小学课程思政一体化建设造成极

大困扰。

第三，"一体化"指导思想缺位。无论大学还是中小学，均不同程度地存在对学科德育重视程度的不足，客观上对"守好一段渠"造成负面影响。自上而下的"课程思政"理念和逻辑尚未形成，围绕课程思政一体化的制度、机制、举措也相对不足，由此导致课程思政管理上的乏力和低效，客观上不利于大中小学课程思政一体化的推进。因此，解决学段层面课程思政一体化的意识问题，是一项重要的先行工作。

（二）课程思政目标与内容设计问题

大中小学课程思政一体化是基于各学段有机"平滑对接"的一体化，而这种对接态势的形成，有赖于课程思政目标与内容一体化的科学设计，尤其是目标与内容"交接棒"的建设。

第一，内容"交接棒"如何设定的问题。大中小学课程思政内容一体化建设的"关节点"在于高中与大学的衔接——中小学课程思政的上行问题皆汇聚于此，而中小学课程思政内容如何向上"托举"至大学，大学如何主动向下关注和承接，二者如何共同建立"交接棒"，以解决这一"关节点"拥堵问题，显得尤为重要。此外，小学与初中、初中与高中，也存在如何在既有衔接体系中融入课程思政的问题。值得注意的是，基础教育与高等教育在课程设置上的不同，也对"交接棒"课程思政内容的具体呈现提出挑战——如何做到有机、自然地衔接。

第二，目标的"生发"问题。大中小学课程思政一体化的目标设计，就是要将目标的学段差异、发展性与科学规划相结合。因此，如何统筹各学段，基于对各学段课程思政内容的考察，参考大中小学思政课程目标体系，构建立体的目标框架，是首要问题。同时，还要聚焦学段与课程，基于对同阶段课程思政目标和学段内课程思政内容的综合考量，对框架中设定的阶段目标进行细化。

（三）效果评价问题

系统评价和呈现各阶段课程思政实施效果、课程思政与思政课程"同向同行"程度、学段（课程）纵向衔接效果、"一体化"进展等，总结经验和分析存在的问题，进而形成优化机制，是构建大中小学课程思政一体化评价体系要解决的问题。第一，解决评价内容的问题。对课程思政的评价面向学生、教学、课程等多个对象，因而评价是立体的，学段与课程聚焦、横向协同、纵向衔接问题，其中必然涉及观察点选择、评价材料呈现等问题。因此，作为一项基础性工作，构建立体、有机的课程思政评价观点体系尤为重要。第二，解决评价尺度及如何评价的问题。无论学段与课程聚焦、横向协同与"切割"问题，还是纵向衔接问题，都必须有一个学科特色的评价指标和尺度，开发特色评价标准重要而紧迫。此外，还要立足具体评价对象解决谁来评价的问题。第三，"评价—反思—改进"作用机制的发挥问题。在课程思政评价结果的运用上，必须回应以下问题：立足于一体化视角，学段之间各维度的评价结果如何上行和下行，进而形成内在勾连，评价结果如何呈现与使用；站位"同向同行"视角的各维度评价如何互动、评价结果以何种方式或者何种样态传递；各评价结果如何运用、如何基于评价形成"反思—优化"模式等。

（四）资源问题

如何在平台、资源及制度机制建设上突出一体性、实效性、常态化，切实为大中小学课程思政一体化建设提供支持，是一项重要工作。第一，解决"守渠"问题与进行横向协同的平台、资源、制度机制建设。就"守渠"而言，要解决以下问题：如何构建系统的学习资源（例如，思想政治理论与课程教学论等），为教师课程思政素养发展提供支持；如何推进教学资源（例如，案例资源、优质课件与教学视频、教学材料，等等）建设，为教师提升课程思政教学水平提供帮助；如何搭建课程思政建设共同体和平台，为课程思政教师的合作提升提供支持；如何建设科学的课程思政评价激励制度机制，促进学段课程思政发展；如何通过合作制度与机制建设，推动同一学段课程思政教师之间、课程思政教师与其他学科教师之间的常态化合作。第二，推动大中小学课程思政一体化资源、平台与制度机制建设。纵向上一体化和衔接的资源、平台与制度体系建设是一个难点：如何科学、有机、常态且有成效地将大中小学课程思政"黏合"在一起，显然考验着管理者的智慧。而黏合的关键之一，就是建资源、筑平台、设机制、成制度。资源建设一方面在于促进大学与中小学课程思政体系的完善，另一方面要促进课程思政教师队伍合作学习、智慧共享、共同提升。平台建设要为大中小学课程思政互通、互动及相关实践提供载体，为课程思政教师队伍的教学与研究常态化合作、互动提供支持，应发挥课堂轮转、教学观察与观摩等功能；建设大中小学课程思政教师的稳定共同体，是促进课程思政教学、建设一体化的关键。上述一体化的系统、有效开展，不仅需要一体化课程思政建设的制度支持与保证，更需要基于一体化思维的常态化合作机制的推动与支持。

三、大中小学课程思政一体化建设的优化路径

（一）构筑大中小学思政一体化理念

要使课程思政深入地贯彻下去，首先必须全面、持续地推动课程思政理念内化于心，进而外化于行，形成有利于课程思政贯彻落实的话语体系，营造一种有利于课程思政内涵式推进的文化氛围。

习近平总书记指出，"合格的老师首先应该是道德上的合格者，好老师首先应该是以德施教、以德立身的楷模。老师是学生道德修养的镜子。"教师是各级各类教育体系的中坚力量，对教育对象的价值养成、德性发展和品格塑造发挥着至关重要的作用。大中小学各学段的课程思政育人价值能否达成，关键在于各门课程任课教师能否实现教书育人这一目的。一名合格的人民教师不仅要在专业知识上有造诣，还要在德性、品格和修养上有成就。教师进行职业劳动的主要工具是依托自身的综合素质，德性的高低、品格的好坏、知识的多少等将直接影响教育效果。教师要始终同党和人民站在一起，自觉做中国特色社会主义的坚定信仰者和忠实实践者，忠诚于党和人民的教育事业，自觉把党的教育方针贯彻到教学管理工作全过程，严肃认真对待自己的职责，教师要构筑"教书与育人相统一"的教育理念，明确为党育人、为国育才使命，引领育人工作高质量发展。

习近平总书记指出，教师"要在加强品德修养上下功夫，教育引导学生培育和践行社会主义核心价值观，踏踏实实修好品德，成为有大爱大德大情怀的人"。教书与育人相统一，反映的是教师对培养德智体美劳全面发展的社会主义建设者和接班人的追求。实现教书与育人相统一，教师要打破学段、专业、年龄等现实壁垒，增强德育为先的思想自觉。各门课程的教师要明确自身肩负的德育责任，自觉坚持育人先育德的教育理念，积极主动挖掘各门课程的思想政治教育元素，引导教育对象在适应激烈的社会竞争的同时，"将修德、明善的人格锻造与格物、致知的能力养成紧密结合起来"

"大思政"、专业思政和课程思政分别从宏观、中观和微观视域关切培育德智体美劳全面发展的社会主义建设者和接班人这一关键性问题。从"大思政"建设视域中把握课程思政一体化建设。大中小学课程思政一体化建设应基于"大思政"的核心理念开展课程建设,多维度建立协同机制。包括做好课程思政与思政课程的协同建设;整合校内外思想政治教育资源,构建育人共同体;夯实各学段课程思政与课程建设、学科发展之间的互动联动;为大中小学课程思政教师一体化创设教研协同平台。"大思政"建设突出强调全员、全程、全方位育人,涵盖课程育人、实践育人、管理育人和组织育人等十大育人体系,着眼于打通育人工作与日常生活界限。课程思政一体化建设从根本上说属于课程育人的理论范畴,是"大思政"建设的重要环节。因此,推进"大思政"建设在某种程度上是实现课程思政一体化建设的过程。

确切地说,整合不同组织机构、职能部门、教育者之间的思想政治教育资源,实现各个育人体系的协调发展,有助于在全社会形成全员、全程、全方位的育人氛围,有助于解决思想政治教育资源碎片化和分散化问题,有助于为课程思政一体化建设奠定良好的实践和理论基础。

（二）形成管理体系

"一体化"的高效推进,有赖于系统的课程思政管理体系的建构和运行。第一,纵横一体的课程思政管理体系设计。基于理想状态,首先应在顶层设计方面形成大中小学课程思政一体化管理框架。明确大中小学各类学校在课程思政一体化中的角色、职责、分工、互动维度与机制,形成贯穿大中小学的层级化的课程思政管理体系,超越学段藩篱,既可以通过赋能将课程思政一体化管理功能赋予正在建设的思政课程一体化体系,也可借力大中小学教材一体化建设,将课程思政一体化管理赋予既有的教学管理系统,形成相对完整的"课程＋课程思政"管理体系,还可单独建立自上而下的课程思政管理体系,形成"省（教育管理部门）—市（教育管理部门）、高校—县（教育管理部门）—中小学"课程思政管理架构,使触角落到课程思政实施层面,学校层面的思想政治教育机构应承担最基础的管理工作。第二,构建基于共同体的管理下沉模式,推动"一体化"落到实处。在大中小学课程思政一体化管理框架下,共同实现管理下沉,是推动课程思政一体化高效、常态化发展的重要步骤。在设定权责和分工的基础上,使中小学与大学、中小学内部各学段课程思政的"交接棒"区域、机制与模式建设更加顺畅。应由大学牵头开展，由地方教育管理部门分学科进行对接，大学与中小学基于科学的分工与协作模式，形成实质化、常态化的一体化合作。同时，还应建立中小学课程思政一体化模式，即教育管理部门牵头下的小学、初中和高中课程思政建设共同体。区县教研室牵头，分学科对接、垂直指导；区县德育管理部门牵头，中小学德育处（政教处）对接、垂直指导，这两条线合一。与此对应，学校层面应由教务部门和德育部门联合设立课程思政中心（附设于教务处）、分中心（附设于年级组）、小组（附设于学科组或教研组），进行课程思政设计与实施。同时，课程思政平台与资源建设、课程思政研究、课程思政教师发展事务，须单独进行并制度化。

（三）完善课程体系

学校思想政治工作不是单纯的一条线的工作，而应该是全方位的。要完善课程体系，解决好各类课程和思政课相互配合的问题，鼓励教学名师到思政课堂上讲课，解决好推动其他教职员工和思政课教师相辅相成的问题。课程思政一体化建设的主体既包括思想政治理论课教师，也包括其他各门课程的教师及其他工作人员，更包括全体教育对象。对德智体美劳全面发展的社会主义建设者和接班人的培育不是一门课程的课程思政建设能够实现的，也不是某一学段能够实现的，而是需要不同学段、不同专业中的各门课程的课程思政建设共同推动，需要不同组织机构、职能部门的工作人员协同配合。由于思想政治理论课教师、其他各门课程的教师和其他工作人员的关系是具体分工而非相互隶属，是各负其责而非共同行动，因此，打造育人共同体是推进大中小学课程思政一体化建设的核心所在。

习近平总书记指出，要"推动思想政治工作贯通人才培养体系，发挥融入式、嵌入式、渗入式的立德树人协同效应"，因此，课程思政一体化建设要打破以往思想政治理论课教师"单枪匹马"的教学现象，着力打造聚集思想政治理论课教师、其他各门课程教师、辅导员、学工部工作人员、校团委工作人员及其他工作人员的育人共同体。在这一育人共同体中，来自大中小学各学段的教师，来自人文社会科学课程和自然科学课程及思想政治理论课的教师，来自学工部、校团委和宣传部等职能部门的工作人员，通过相互协商、共同研讨、集体备课等方式，厘清同一门课程在不同学段思想政治教育资源中的逻辑关联，把握同一学段不同课程的思想政治教育资源的逻辑关联，探讨不同知识点与思想政治教育资源之间的逻辑关联。在此基础上，把不同学段、不同课程、不同知识点的思想政治教育资源整合起来，构建一个逻辑自洽且层次分明的课程思政教学体系。

需要特别指出，虽然在课程思政一体化建设中要明确区分教育者与教育对象的关系、管理者与被管理者的关系，但并不意味着教育对象在育人过程中处于被动接受的地位。不同学段的教育对象也是打造育人共同体的主体，他们对课程思政一体化建设的效果呈现和评价反馈是改进课程思政一体化的重要依据。

（四）建立健全评价机制

课程思政一体化建设，首先需要建立健全能够体现、协调和解决各方利益的领导小组。在小组指导下，有序设计、安排和推进课程思政一体化。各级教育行政部门要加强对课程教学的督导。例如，按照课程表随机进行课堂听课及随机选择学生进行谈话等方式，了解各门学科课程推进课程思政教学的实施情况，在中观层面对学校各年级的课程思政整体推进情况进行评估，由此作为上级领导小组改进课程思政工作的相关依据。

其次，建立健全课程思政一体化评价激励机制。课程思政一体化领导小组需要通过制定制度等手段，推动体制机制的完善及引导课程思政一体化的规范化。例如，把各门课程的教师参与课程思政建设的情况和成果纳入考核评价、职称评定和人才选拔的范围；在中考和高考改革中要把以思想道德为核心的综合素质评价落到实处，切实改进教育评价驱动机制；要寻找课程思政一体化建设的典型案例、课程思政一体化建设的示范课程、课程思政一体化建设的标杆人物等，形成示范和引领效应。同时，把课程思政建设的整体情况作为学科评估、专业建设和院校考核的重要指标。

最后，形成系统的"评价—反思—优化"机制。推动课程思政系统增值。"一体化"视角下的评价旨在推动课程思政系统改进；学生发展评价旨在为下一阶段的课程思政设计提供学情支持；教学评价能为本阶段教师的反思改进提供支持；课程评价旨在为相邻课程的设计与实施、后续优化与完善提供支持；教师评价兼具促进教师"守渠"能力发展与推动"一体化"能力发展的功能。因此，不仅要开展常态化、多样态的课程思政反思活动，还应建立评价—反思—优化机制。

（五）平台与活动、资源、制度机制

基于"一体化"思维，从平台与活动、活动助推、资源支持、制度机制促进与保障四个方面，为大中小学建立科学有效的课程思政连接纽带，推动大中小学课程思政共同体建设，是一项重要而紧迫的工作。第一，构建凸显系统、有机、常态特征的课程思政平台与活动体系，推动大中小学课程思政高效、长效衔接。平台与活动相互依赖，共同组成"一体化"连接纽带。构建系统、有机、常态化的课程思政平台与活动体系，就是按照课程思政逻辑，凸显"纵横一体"和"学段与课程聚焦"特征，围绕教学、研究、评价、课程建设、教师发展等搭建多层次、结构化平台，基于科学的制度与机制，实现平台运行与活动开展的有序化、常态化，推动大中小学课程思政真实、高效和常态化互动，形成大中小学课程思政共同体。同时，平台和活动体系要有管理归属——基于区域性合作框架形成平台与活动的"归口"（可采取"基地"依托制，在合作框架内形成各种不同功能的学校基地群）并辅以考核机制，以保证平台科学运行和活动高效开展。第二，以结构化的课程思政资源体系构建，助推一体化建设。基于共享理念，由平台定期分门别类地全面收集、甄选优质课程思政资源，共同体成员定期优选课程思政资源，动态化构建立体的、结构化的课程思政共享资源库。要基于课程、学段和一体化三个维度，动态构建系列优质课程思政教学案例库：优质课视频资源、辅助教学材料资源库。重点关注"交接棒"建设（含"衔接课程"、教学辅助材料开发等）、"交接棒"的教学设计与实施（教学案例及视频）、同课异构、教学观察与分析等资料。资源库还要具备研究性特征，及时纳入"一体化"最新研究成果。第三，制度机制建设——"一体化"的促进与保障。就课程建设角度而言，课程思政目标与内容开发、课程评价、课程资源、课程平台建设制度要突出大中小学不同学段及不同课程在"一体化"上的分工协作和权责，实施课程思政首席教师负责制和首席教师联系会议等制度，同时形成专业性、常态化评价、监控机制，以保证各环节工作落到实处。教学层面要凸显对教学全过程、全方位的关注，注重大中小学课程思政教师在教学模式与方法、教学评价、教学材料与案例库资源建设等方面的合作，使合作备课、跨学段教学观摩与教学观察、跨学段同课异构等模式制度化和常态化，确保大中小学教学合作的科学、高效推进。就教师发展而言，重点放在大中小学课程思政教师共同体、培训与研修、跨学段与学科课程思政教师结对、跨学段访学、教学与研究合作、评价等方面的制度建设。

参考文献

［1］ 白列湖.协同论与管理协同理论［J］.甘肃社会科学,2007（5）:228-230.

［2］ 王光.大学生日常思想政治教育以人为本取向研究［D］.长春:东北师范大学,2021.

［3］ 吕春宇.新时代学生思想政治教育方法整体建构研究［D］.长春:东北师范大学,2021.

［4］ 闫佳伟.中学立德树人落实机制研究［D］.长春:东北师范大学,2021.

［5］ 孙振琳.习近平关于理想信念的重要论述研究［D］.大连:大连海事大学,2020.

［6］ 阿剑波.思想政治教育现代化发展研究［D］.兰州:兰州大学,2020.

［7］ 陈晨.大卫·哈维意识形态思想及启示研究［D］.哈尔滨:哈尔滨工程大学,2020.

［8］ 温丽华.社会思潮的网络传播及引导研究［D］.桂林:广西师范大学,2020.

［9］ 黄丽娟.新媒体时代社会思潮对大学生思想意识的影响研究［D］.贵阳:贵州师范大学,2020.

［10］ 周文叶,胡静.教师表现性评价:概念辨析、结构要素与关键特征［J］.教育测量与评价,2021（10）:8-18.

［11］ 马晓翠,王文棣.文化人类学课程思政教学改革探究［J］.创新创业理论研究与实践,2021,4（18）:54-56,63.

［12］ 唐瓷.智慧课堂的教学策略研究［J］.教学与管理,2021（30）:101-105.

［13］ 白帆．初中英语教学中跨文化交际能力的培养初探［J］．现代交际，2017（5）：147-148.

［14］ 李捷．浅谈大学生思想政治教育与英语课堂教学的融合［J］．科技资讯，2017（15）：143-144.

［15］ 高德毅，宗爱东．课程思政：有效发挥课堂育人主渠道作用的必然选择［J］．思想理论教育导刊，2017（1）：31-34.

［16］ 王柏昆．中学生思想政治教育模式的全方位创新［J］．黑龙江教育学院学报，2015，34（10）：74-75.

［17］ 陈志科．当前中学生思想政治状况的基本判断：基于2011年全国中学生思想政治状况的调查与分析［J］．教育科学，2013，29（3）：53-59.

［18］ 叶超群，王习胜．近年来国外思想政治教育研究述评［J］．皖西学院学报，2012，28（3）：22-24.

［19］ 郝金会．浅谈初中生思想政治现状及应对措施［J］．学周刊，2011（5）：64-65.

［20］ 吴荣芳．贫困地区中学生的思想政治状况及应对措施［J］．考试周刊，2009（46）：214.

［21］ 李仁娟．中学生品德现状及德育工作应对策略［J］．绥化学院学报，2008（4）：190-191.

［22］ 中共中央文献研究室．习近平关于青少年和共青团工作论述摘编［M］．北京：中央文献出版社，2017.

［23］ 中共中央宣传部．习近平总书记系列重要讲话读本［M］．北京：学习出版社，2016.

［24］ 魏书生．教学工作漫谈［M］．桂林：漓江出版社，2005.

［25］ 习近平．在北京大学师生座谈会上的讲话［M］．北京：人民出版社，2018.

［26］ 张立文．和合学［M］．北京：中国人民大学出版社，2006.

［27］ 毛泽东．毛泽东选集第2卷［M］．北京：人民出版社，1991.

［28］ 唐旭光．深入实施"四个育人"，彰显本科人才培养特色［M］．昆明：云南大学出版社，2020.

［29］ 刘梦园．大中小学思政课一体化建设存在的问题及对策研究［D］．石家庄：河北师范大学，2021.

［30］　佘远富，许思宇.新时代高校思想政治理论课的"守正"与"创新"
［J］.现代教育管理，2021（7）：32-38.

［31］　陈始发，朱格锋.论习近平立德树人重要论述的逻辑理路［J］.现代教
育管理，2021（5）：15-21.

［32］　高德胜，钟飞燕.论马克思主义思想政治教育的时代使命［J］.东北师
大学报（哲学社会科学版），2020（2）：18-188.

［33］　何洪兵.论高校思想政治理论课坚持主导性与主体性相统一［J］.学校
党建与思想教育，2019（13）：35-38.

［34］　翁铁慧.大中小学课程德育一体化建设的整体架构与实践路径研究
［J］.上海师范大学学报（哲学社会科学版），2018，47（5）：5-12.

［35］　蒋德勤，侯保龙.高校思想政治教育实践育人创新路径［J］.思想理论
教育导刊，2016（2）：143-147.

［36］　竹立家.改革需要什么样的"顶层设计"［J］.人民论坛，2011（3）：
32-33.

［37］　王贤文，周险峰.学业负担治理研究十年：回顾与展望［J］.河北师范
大学学报（教育科学版），2021，23（3）：121-127.

［38］　罗生全，孟宪云.新时代中小学作业问题的再认识［J］.人民教育，
2021（3）：4.

［39］　袁利平，杨阳.人的全面发展：学校课程建设的价值坐标［J］.中国教
育科学（中英文），2021，4（1）：81-90.

［40］　张定强，杨纳名.论教学治理机制及治理策略［J］.当代教育与文化，
2020，12（1）：25-29.

［41］　王守虎，闫晓华，吴明召，等.优化作业管理 回归育人功能［J］.河南
教育（教师教育），2021（8）：18-19.

［42］　中华人民共和国教育部.普通高中英语课程标准［M］.北京：人民教育
出版社，2020.

［43］　徐彬，刘志军.指向核心素养的课程评价探析［J］.课程，教材，教
法，2019，39（7）：21-26.

［44］　蔡清田，邓旭.改革开放四十年我国课程改革图示分析与发展理路
［J］.国家教育行政学院学报，2018（3）：37-43.

［45］　陈坤，唐小为.核心素养视域下教育评价的困境与变革［J］.教学与管

理, 2017 (27): 121-124.

[46] 周文叶, 陈铭洲. 指向核心素养的表现性评价 [J]. 课程, 教材, 教法, 2017, 37 (9): 36-43.

[47] 谢文琴. 国内发展性教学评价研究综述 [J]. 职教通讯, 2014 (27): 70-72.

[48] 高新官. 美术教学对学生核心素养形成的作用分析 [J]. 美术教育研究, 2018 (24): 137.

[49] 魏宏聚. 教育评价的多元化趋向 [J]. 河南教育 (教师教育), 2021 (4): 11-13.

[50] 袁建林, 刘红云. 过程性测量: 教育测量的新范式 [J]. 中国考试, 2020 (12): 1-9.

[51] 刘振天. 教育评价破 "五唯" 重在立 "四新" [J]. 国家教育行政学院学报, 2020 (11): 13-15.